Die 9 Stufen der

NETWORK MARKETING Mastery

Schleife den Diamanten in dir!

FALKO KRISMAYR

Die 9 Stufen der Network Marketing Mastery: **Schleife den Diamanten in dir! ©2024**
Falko Krismayr

Deutsche Edition

Print ISBN: 979-8-9950366-6-1

Verlag: **Author Writer's Academy**
AWA Literary Agency, USA
Senior Editor: Marjah Simon
www.AWA4Life.com
Cover Design und Illustrationen: Author Writer's Academy

Für die kostenlose Standortbestimmung deiner Stufe in der Network Marketing Mastery besuche (auf Englisch, solange verfügbar):

THE WHEEL OF NETWORK MARKETING MASTERY

www.NetworkMarketing-Mastery.com

1. Hinweis in eigener Sache:

In diesem Buch verwende ich durchgehend das "Du". Das ist im Network Marketing üblich, und ich finde, es schafft eine persönlichere, vertrautere Atmosphäre. Ich hoffe, du fühlst dich damit ebenso wohl.

2. Hinweis zur Sprache:

Für die deutschsprachige Ausgabe dieses Buches habe ich mich entschieden, das *generische Femininum* zu verwenden. Diese Entscheidung entstand aus der Überlegung, wie im Deutschen am sinnvollsten mit geschlechtsspezifischen Unterschieden umzugehen ist, die im Englischen so nicht auftreten.

Da im Network Marketing rund 75 % der aktiven Partnerinnen und Partner Frauen sind, ist die Wahrscheinlichkeit hoch, dass dieses Buch sich gerade in den Händen einer Frau befindet. In Anerkennung dieser Tatsache fiel die Entscheidung zugunsten der weiblichen Form.

Selbstverständlich sind alle Menschen, unabhängig von Geschlecht oder Identität, gleichermaßen angesprochen und gemeint. Im Network Marketing haben alle die gleiche Chance.

Anmerkung: Begriffe wie "der Profi" oder "der Teenager" werden als feststehende Bezeichnungen verstanden und daher nicht an das generische Femininum angepasst.

VORWORT

Als ich zum ersten Mal auf Network Marketing stieß, dauerte es mehr als ein Jahr, bis ich mich entschloss, in diese Branche einzutauchen. Zu dieser Zeit war ich, wie viele andere auch, unsicher. Ich wusste nicht, ob dieser Weg wirklich der richtige für mich war. Doch dann hatte ich folgende Erkenntnis: Ich sah etwas im Network Marketing, das weit über das bloße Geldverdienen hinausging. Es war die Möglichkeit, ein Leben zu schaffen, in dem ich nicht mehr meine Zeit gegen Geld tauschen müsste. Diese Vision entfachte etwas tief in mir, und von diesem Moment an arbeitete ich unermüdlich am Aufbau meines Network-Marketing-Geschäfts, das mir echte finanzielle Freiheit ermöglichen sollte.

Am Anfang dieser Reise war mein Fokus einfach auf Aufbau und Expansion gerichtet. Ich war fest entschlossen, mein Geschäft so weit zu entwickeln, dass ich mich wirklich als Unternehmer bezeichnen könnte. In den folgenden Seiten werde ich erklären, was das für mich bedeutete und wie es mich auf den Weg zur finanziellen Unabhängigkeit führte. Die Erreichung dieses Meilensteins war ein Wendepunkt in meinem Leben. Ich hatte erreicht, was ich mir vorgenommen hatte. Ich hätte mich zurückziehen, die Früchte meiner Arbeit genießen, reisen, Zeit mit meiner Familie verbringen und mich an der Freiheit erfreuen können, die ich mir so hart erarbeitet hatte. Doch etwas in mir sagte: “Mach weiter.“

Durch meine persönliche Entwicklungsreise entdeckte ich einen tieferen Lebenssinn. Mir wurde klar, dass sich Erfolg nicht allein um mich selbst drehte. Vielmehr ging es darum, meine Fähigkeiten, strategisch zu denken, zu führen und zu inspirieren, sinnvoll einzusetzen. Ich erkannte, dass wahre Erfüllung nicht nur darin lag, was ich selbst erreichen konnte, sondern auch darin, andere auf ihrem eigenen Weg zu unterstützen. Was als persönliche Suche nach finanzieller Freiheit begann, wurde zu einer Mission, anderen zu helfen, den Diamanten in sich selbst zu formen und sie durch die 9 Stufen der Network Marketing Mastery zu führen.

Dieses Buch ist schon lange in Arbeit. Meine Frau und ich haben jahrelang darüber gesprochen, im Wissen, dass unsere Erfahrungen und Lektionen für andere von unschätzbarem Wert sein könnten. Doch erst als ich den unüberhörbaren Drang verspürte, auf größerer Ebene beizutragen, entschloss ich mich, diese Idee zum Leben zu erwecken. Dieses Buch ist mein Geschenk an jeden im Network Marketing, der nicht nur ein Geschäft aufbauen, sondern es meistern möchte, der zu einem Leader heranwachsen will, der andere inspirieren, ein nachhaltiges und florierendes Geschäft schaffen und letztlich ein Leben in Fülle und Freiheit erreichen möchte.

Im Verlauf dieses Buches werde ich dich durch die 9 Stufen der Network Marketing Mastery *begleiten*. Von der Aufregung zu Beginn, durch die Herausforderungen des Wachstums und des Leaderships, bis hin zur Erfüllung, eine Mentorin zu werden und generationenübergreifenden Wohlstand aufzubauen.

Diese Stufen sind mehr als bloße Etappen auf dem Weg zum Erfolg. Sie bilden das Fundament, auf dem der Diamant in dir geformt und geschliffen wird – die Version deiner selbst, die du vielleicht noch gar nicht als Teil von dir erkannt hast. Ganz gleich ob du gerade erst beginnst oder dich bereits mitten auf deiner Reise befindest, meine Hoffnung ist, dass dir diese Einsichten helfen, **Mastery** zu erlangen. Nicht nur im Geschäft, sondern auch im Leben.

Willkommen bei *Die 9 Stufen der Network Marketing Mastery*. Ich lade dich ein, diesen Weg mit mir zu gehen, jede Stufe zu begrüßen und den Diamanten in dir erstrahlen zu lassen.

WIDMUNG

An dich – die gerade in der Phase der Hoffnung steckt und die Reise im Network Marketing beginnt. Ich möchte, dass dieses Buch dir mehr Gewissheit und Klarheit bringt – etwas, das mir in dieser Form fehlte, als ich meinen Weg begann.

An dich – die bereits den Glauben an Network Marketing und an sich selbst entwickelt hat und überzeugt ist, dass diese Branche das perfekte Werkzeug ist, um die Lücke zwischen dem, wo du gerade bist, und dem, wo du in der Zukunft sein möchtest, zu schließen. Möge dieses Buch dich auf deinem Weg unterstützen, eine Unternehmerin zu werden und die Freiheit der Wahl zu erleben.

An dich – die in der Stufe des Wissens ist und bereits ein herausragendes Network-Marketing-Geschäft aufgebaut hat. Dieses Buch soll dir helfen, wahre Erfüllung zu erfahren und generationsübergreifenden Wohlstand für dich, deine Familie und die Menschen in deinem Umfeld und darüber hinaus zu schaffen. Egal, wo du dich auf deiner Reise befindest: In jeder Stufe wirst du neue Einsichten, Perspektiven und Fähigkeiten erlangen. Ich wünsche mir, an deiner Seite zu sein, dich in jeder Entscheidung zu unterstützen und dir die Klarheit und Gewissheit zu bringen, die du brauchst, um deinen inneren Antrieb zu entdecken und deinen Erfolg in der Welt des Network Marketings zu finden.

… und natürlich,

An meine Frau, Esther – Ich hätte nie geglaubt, dass es eine Beziehung wie unsere überhaupt geben könnte. Als ich aufwuchs, hatte ich ein recht stereotypes Verständnis davon, was eine Beziehung ist. Du hast mir gezeigt, dass Zusammenleben viel mehr sein kann und was bedingungslose Liebe wirklich bedeutet. Auf dieser Grundlage florieren wir nicht nur als Lebenspartner, sondern auch als Geschäftspartner.

Jahrelang trugen wir die Idee, dieses Buch zu schreiben, und nun ist unser "Baby" geboren. Danke für deine unerschütterliche Unterstützung bei der Verwirklichung dieses Projekts. Ohne dich würde dieses Buch nicht in der Form existieren, wie es heute vor dir liegt. Ich werde immer die unzähligen Stunden des Brainstormings, des Zusammenfügens des Inhalts, des Überarbeitens und Feintunings jedes einzelnen Wortes in Erinnerung behalten.

Danke. Ich liebe dich.

An meine Kinder, Moritz und Amelie – Danke, danke, dass ihr mich auf meinem Weg so unterstützt und euch zu wundervollen Menschen entwickelt habt. In dieser Branche zu arbeiten, kann intensiv sein. Es gab Zeiten, in denen ich alles auf eine Karte setzen musste und deshalb oft nicht für euch da sein konnte. Aber ich bin sehr dankbar für all die außergewöhnlichen Erfahrungen, die uns dieses Geschäft ermöglicht hat. Ihr beide habt eure Leidenschaft im Leben gefunden und geht euren Weg mit Entschlossenheit, Eifer und Freude.

Ihr seid die Quelle meines inneren Antriebs. Ich liebe euch.

DANKSAGUNGEN

An meine Vergangenheit – Alles, was in der Vergangenheit passiert ist, hat mich da hingeführt, wo ich jetzt bin - wie ich aufgewachsen bin und all die Fehler, die ich in meinem Leben gemacht habe. Und glaube mir, ich habe viele Fehler gemacht. Aber sie waren alle Teil des Lernprozesses, der mich zu der Person gemacht hat, die ich heute bin.

An alle Menschen, die mir vertraut haben, an alle, die mich unterstützt und in meiner Entwicklung begleitet haben: Alles, was ich heute weiß, ist die Summe dessen, was ich in den letzten zehn Jahren erfahren und gelernt habe, sei es aus YouTube-Videos, Büchern oder Gesprächen, die ich in dieser Branche geführt habe. Ich wäre heute nicht da, wo ich bin, wenn ich mich nicht dem Lernen gewidmet hätte. Und ich hätte nicht so viel gelernt, wenn es euch nicht gäbe.

INHALT

GEDANKEN DES AUTORS
Es ist möglich

Als eines von sechs Kindern in einer Bergbauernfamilie in Österreich wuchs ich in einfachen Verhältnissen auf. Mit 12 Jahren fasste ich den Entschluss, mein Elternhaus zu verlassen und professioneller Skispringer zu werden. Ich zog zu meinen Großeltern, die mich unterstützten, ehe ich ein Internat besuchte. Anfangs erreichte ich ein sehr hohes Wettkampfniveau. Doch als Teenager ließ ich einige wenig förderliche Gedanken in mein Leben. Ich hörte auf, so intensiv zu trainieren, und steckte nicht mehr die nötige Energie hinein, um Weltklasse zu werden. Ich begann, an mir zu zweifeln, und ich hörte auf, an mich zu glauben. Und dann gab ich auf. Innerhalb von nur zwei Wochen nach dieser Entscheidung bekam ich schon meinen ersten Trainerjob. Ich wurde engagiert, um bei einem Skisprungwettbewerb zu helfen. Daraus ergab sich eine Position als Trainer beim regionalen Skiverband. Fast 20 Jahre lang trainierte ich Teams unterschiedlicher Leistungsstufen aus verschiedenen Nationen und führte einige meiner Athleten bis an die Spitze ihrer Sportkarriere. Insgesamt gewannen die Sportler, die ich trainierte, 11 Medaillen (Gold, Silber, Bronze) bei Olympischen Spielen und Weltmeisterschaften.

Jahre später blickte ich auf meine aktive Karriere als Skispringer zurück und dachte: Vielleicht habe ich zu früh aufgegeben. Doch in diesem Rückblick gab ich mir auch ein Versprechen: Ich würde nie wieder zulassen, dass mir das noch einmal passiert. Was auch immer ich tat, ich würde es bis zum Ende durchziehen.

Wenn ich meine Reise in ihrer Gesamtheit betrachte, denke ich oft darüber nach, wie eine Sache zur nächsten geführt hat und ich erkenne die Kraft, die darin liegt. Es zeigt mir, wie entscheidend die richtige Einstellung ist. In jeder Phase meines Lebens war es - wenn ich darüber entscheiden musste, welchen Weg ich als Nächstes einschlage - mein Mindset, das mich lenkte und letztendlich bestimmte, ob ich die nächste Stufe erreichen würde oder nicht.

Schon als Kind spürte ich den inneren Antrieb, nach dem Außergewöhnlichen zu streben.

Ich bin fest davon überzeugt, dass dieses Mindset von meinem Großvater, Dr. Karl Krismayr, stammt. Er war nicht nur Bauer, sondern auch Jurist, Philosoph und Autor – ein sehr erfolgreicher Mann. Weder mein Vater noch ich konnten ihn jemals persönlich kennenlernen, da er im Zweiten Weltkrieg in Frankreich starb. Dennoch spüre ich eine tiefe Verbindung zu ihm.

Das soll nicht heißen, dass meine Eltern mich nicht unterstützt haben. Meine Familie hatte es finanziell nicht leicht, aber meine Eltern taten alles, was sie konnten, um uns in unseren Träumen zu unterstützen. Sie standen hinter mir, als ich Skispringer werden wollte; sie unterstützten meine Schwester, die mit nur 10 Jahren ins Internat nach Wien zog, um Balletttänzerin zu werden; und sie sorgten dafür, dass mein Bruder alles bekam, was er brauchte, um Taekwondo zu trainieren. Ich habe keine Ahnung, wie sie das alles finanziert haben.

Sie gaben uns viel Freiheit, unsere eigenen Wege zu gehen. Ihr Engagement und ihre Unterstützung trotz aller Herausforderungen haben mir gezeigt und bewiesen, dass es – egal worum es geht – immer einen Weg gibt. Nach meiner Karriere als Athlet und Trainer entdeckte ich jedoch eine neue Leidenschaft. Im Jahr 2014 lernte ich Network Marketing kennen und entschied mich, vom Dasein als Sporttrainer zum Aufbau eines eigenen Network-Marketing-Geschäfts zu wechseln. Seitdem habe ich eine riesige Organisation mit Zig-Tausenden Vertriebspartnerinnen und über Hunderttausend Kundinnen aufgebaut.

Durch all meine Erfahrungen erkannte ich etwas Entscheidendes: Unabhängig von der Branche, in der man tätig ist, offenbaren sich in den verschiedenen Entwicklungsphasen eines Unternehmens bestimmte Erfolgsprinzipien. Inspiriert von Tony Robbins' *Business Cycle* erkannte ich, dass sich alles, was ich im Network Marketing lernte und erlebte, ebenfalls in Stufen einteilen lässt. Seitdem entwickle ich gemeinsam mit meiner Frau das Konzept von *"The 9 Stages of Network Marketing Mastery", also zu deutsch "Die 9 Stufen der Network Marketing Mastery."*

Es gibt nur wenig Orientierung und Unterstützung dazu, wie man im Network Marketing wirklich erfolgreich wird – und das wollten wir ändern. Deshalb haben wir uns intensiv mit jeder einzelnen Stufe einer Network-Marketing-Karriere auseinandergesetzt, die potenziellen Herausforderungen identifiziert, mit denen jede Networkerin konfrontiert sein könnte, und die notwendigen Fähigkeiten und Strategien erarbeitet, um zur nächsten Stufe aufzusteigen. Wir haben eine klare "Roadmap" erstellt und einen Erfolgs-Code entwickelt, der dir hilft, in dieser Branche erfolgreich zu werden.

Das, was du gerade in deinen Händen hältst, ist die Essenz unserer Arbeit. Doch es sind nicht nur Worte und Theorien. Dieses Buch entstand aus meiner eigenen Reise und meines Erfolges im Network Marketing. Seit Tag eins konnte ich meinen Kundenstamm Monat für Monat vergrößern – und ich weiß von niemandem, dem das über ein ganzes Jahrzehnt hinweg gelungen ist. Im Network Marketing dreht sich alles um Duplikation. Deshalb habe ich alles, was ich gelernt und umgesetzt habe, in dieses Buch gepackt. Ich werde dir alles aufzeigen, was du wissen musst, um meine Strategie erfolgreich zu duplizieren. Und diese Strategie lässt sich auch auf viele andere Bereiche und Branchen anwenden. Doch ein System oder einen Erfolgs-Code zu besitzen, ist nur ein Teil dessen, was du brauchst, um echte Freiheit der Wahl in deinem Leben zu erreichen.

Im Laufe der Jahre habe ich eine weitere essenzielle Zutat für Erfolg entdeckt: den inneren Antrieb. Du kannst dir Fähigkeiten aneignen, Systeme erlernen und dein Mindset entwickeln, doch intrinsische Motivation, davon bin ich überzeugt, ist nichts, was man lehren kann. Allerdings trägt jeder Mensch sie bereits tief in sich. Viele wissen jedoch nicht, wie sie sie freisetzen können. In diesem Buch werde ich dir nicht nur die entscheidenden Erfolgsstrategien für dein Network-Marketing-Business vermitteln, sondern auch die Methoden, die Olympiasiegerinnen nutzen, um ihr volles Potenzial zu entfalten – damit du sie für dich selbst anwenden kannst. Als ich im Profisport tätig war, arbeiteten wir mit einem erprobten System, das messbare Erfolge brachte. Damit konnte ich einige Athleten dabei unterstützen, es unter die Top 20 der Welt zu schaffen – so effektiv war es.

"DAS SYSTEM IST DAS VEHIKEL ZUM ERFOLG. DEINE INNERE MOTIVATION IST DER TREIBSTOFF, DER ES ANTREIBT."

Aber um wirklich herausragend zu werden, um zur Weltspitze zu gehören oder gar Olympiasiegerin zu werden, braucht es noch mehr. Die Athleten mussten ***sich selbst*** einbringen, ihre Persönlichkeit, ihr Mindset, ihre Einstellung und ihre Ambitionen mussten im Einklang sein. Sie brauchten diesen inneren Antrieb. Und im Network Marketing ist es nicht anders.

Für alle, die dieses Buch lesen: Wenn du dein Business entlang der ersten sieben Stufen aufbaust, die ich in diesem Buch darlege, kannst du die Stufe der Unternehmerin erreichen. Eine Stufe, die es dir ermöglicht, ein außergewöhnliches Leben zu führen. Doch wenn du noch weitergehen, wahre Erfüllung erleben und ein langfristiges Vermächtnis aufbauen möchtest, musst du, genau wie eine Olympiasiegerin, die Extrameile gehen. Um die beiden letzten Stufen zu erreichen, musst du bereit sein, dich weiterzuentwickeln, deine Fähigkeiten auszubauen und die Perspektive zu wechseln – weg von deinem eigenen Erfolg hin zu einem größeren Zweck.

Nach meiner Erfahrung liegt einer der Hauptgründe für Misserfolg in selbstsabotierenden Gedanken, die die Kontrolle übernehmen. Plötzlich bestimmen Angst, Unsicherheit und Zweifel den Weg – Zweifel an sich selbst und an der eigenen Reise. Doch wenn du dieses Buch in die Hand genommen hast, dann gehe ich davon aus, dass du bereits begonnen hast, dein inneres Potenzial zu entfesseln. Nun ist es meine Aufgabe, dir alles an die Hand zu geben, was du brauchst, um dieses Feuer auf jeder Stufe deiner Reise zu nähren und Selbstvertrauen und Selbstliebe zu stärken.

Ich bin hier, um dein Feuer weiter anzufachen. Denn wenn du an dich selbst glaubst, kannst du alles erreichen. Du kannst zum Champion deines Lebens werden und auf dem Podium der Selbstbestimmung und Erfüllung stehen. Alles, was du brauchst, trägst du bereits seit dem ersten Tag deines Lebens in dir.

Lass uns gemeinsam beginnen, den Diamanten in dir zu schleifen!

Falko Krismayr

EINLEITUNG
Network Marketing als Türöffner

Es gibt mehrere Gründe, warum ich dieses Buch schreiben und mein Wissen sowie meine Erfahrungen mit dir teilen wollte.

Der erste Grund ist, ein klares Verständnis für Network Marketing zu schaffen und dir zu zeigen, wie du ein erfolgreiches Geschäft aufbauen kannst. Viele Menschen stolpern in diese Branche – meist, weil sie jemanden kennen, die mit einem Network-Marketing-Unternehmen zusammenarbeitet und sie darauf aufmerksam macht. Da es keinen klaren Bildungsweg gibt, keine Universität oder Ausbildung, die einem Network Marketing beibringt, geben viele frühzeitig auf. Mit diesem Buch möchte ich dir genau diesen Weg und die nötige Sicherheit auf deiner Reise zu Network Marketing Mastery vermitteln.

Der zweite Grund für dieses Buch ist, dich auf deinem Weg zum Erfolg zu begleiten und dir zu helfen, ein selbstbestimmtes Leben zu führen – ein Leben, in dem du nicht länger Zeit gegen Geld tauschen musst. Eine Erkenntnis, die ich auf meiner eigenen Reise gewonnen habe, ist: Das Leben ruht auf **drei Säulen**. Ein selbstbestimmtes Leben bedeutet für mich, Freude, Spaß, Freiheit und Erfüllung durch diese drei Säulen zu finden.

Die erste Säule ist **Gesundheit.** Als ich 23 war, lag ich über einen Monat lang im Krankenhaus. Meine Nieren arbeiteten nicht richtig, und der Arzt sagte mir, dass ich möglicherweise den Rest meines Lebens auf Dialyse angewiesen sein würde. Dieser Moment veränderte alles. Er ließ mich erkennen, wie wertvoll meine körperliche Gesundheit ist. Mir wurde klar: Ich könnte all den Erfolg der Welt haben, doch was würde mir das nützen, wenn ich nicht gesund bin? Unsere Gesundheit ist das Fundament von allem. Sie bestimmt, was wir tun können und was nicht. Dabei geht es nicht nur um körperliche Gesundheit, sondern auch um unsere mentale und spirituelle Gesundheit.

Die zweite Säule ist **Wohlstand.** Geld spielt eine entscheidende Rolle in unserem Leben. Es ist das Mittel, mit dem wir uns materielle Dinge und Dienstleistungen leisten, die wir brauchen oder uns wünschen. Wir leben in einer privilegierten Zeit. Noch nie war es einfacher, die Welt zu bereisen und außergewöhnliche Erfahrungen zu sammeln. Doch ohne Geld bleiben viele Türen verschlossen. Ich frage mich manchmal: Wie wäre es, ohne Geld zu leben? Faktisch wäre es unmöglich. Die Wahrheit ist, dass Geld eine entscheidende Rolle dabei spielt, ein selbstbestimmtes Leben zu führen. Doch Wohlstand ist nicht nur materiell – man muss auch inneren Reichtum besitzen. Denn die Außenwelt ist lediglich ein Spiegel deines Inneren, und du wirst nur das in der äußeren Welt verwirklichen, was du auch in dir trägst.

In dem Moment, als ich aufhörte, gierig zu sein, und begann, anderen von Herzen das Beste zu wünschen, wusste ich, dass ich innerlich wohlhabend war. Wahre innere Fülle und Reichtum bedeuten die Gewissheit, dass es – egal was im Leben passiert – unendlich viele Möglichkeiten und Ressourcen gibt. Wenn du das tief in dir erkennst, wirst du selbst kreativer und lösungsorientierter.

Die dritte und letzte Säule ist **Zeit**. Es gibt Menschen, die gesund sind und viel Geld verdienen, aber keine Zeit für die Dinge haben, die ihnen wirklich am Herzen liegen – sei es Familie, Freundschaften, Beziehungen oder Hobbys. Sie sind gefangen im Hamsterrad und haben nicht die Freiheit, den Wohlstand, den sie geschaffen haben, tatsächlich zu genießen. Und das ist bedauerlich. Wahre zeitliche Freiheit bedeutet, selbst zu entscheiden, wo, mit wem und womit du deine Zeit verbringen möchtest.

Diese drei Säulen – Gesundheit, Wohlstand und Zeit – sind das Fundament für ein selbstbestimmtes Leben. Und durch Network Marketing kannst du in all diesen Bereichen wahre Freiheit erlangen.

Aber was genau ist Network Marketing?

Was ist Network Marketing?

Zunächst einmal möchte ich klarstellen, was Network Marketing nicht ist. Network Marketing ist kein Pyramidensystem, und es gibt einen sehr deutlichen Unterschied zwischen den beiden. Pyramidensysteme schaffen keinen echten Wert – sie basieren lediglich auf dem Recruiting neuer Teilnehmerinnen, ohne dass ein tatsächliches Produkt oder eine sinnvolle Dienstleistung dahintersteht. Network Marketing hingegen bietet entweder Produkte oder Dienstleistungen an, die einen echten Wert für das Geschäft und die Kundinnen schaffen. Im Gegensatz zu Schneeballsystemen, die ausschließlich auf das Rekrutieren neuer Vertriebspartnerinnen ausgerichtet sind, läuft ein Network Marketing Geschäft auch dann weiter, wenn das Recruiting aufhört.

Network Marketing schafft also sowohl für Vertriebspartnerinnen als auch für Kundinnen einen echten Mehrwert. Es ist ein modernes Vertriebssystem, das sich von traditionellen Marketing- und Vertriebsmodellen unterscheidet. Viele Menschen glauben jedoch, dass das Produkt aus Kundensicht durch dieses System überteuert wird, doch das stimmt einfach nicht.

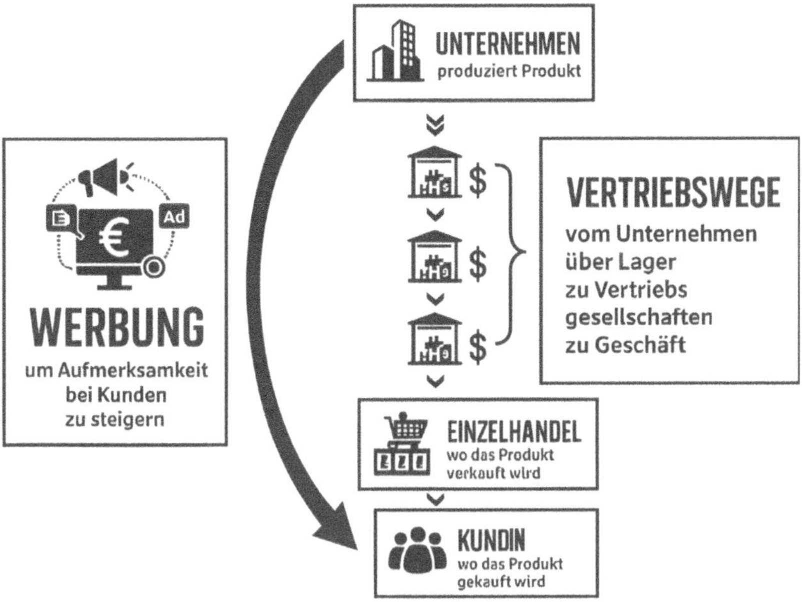

Das oben beschriebene Beispiel zeigt den traditionellen Vertriebs- und Marketingweg. Das Unternehmen stellt das Produkt in seiner Produktionsstätte her. Sobald das Produkt fertig ist, wird es in ein zentrales Lager zur Aufbewahrung geschickt. Von dort aus erfolgt die Verteilung an regionale Lager oder direkt an den Großhandel. Die Großhändlerinnen beliefern anschließend physische Einzelhändlerinnen wie Supermärkte oder Fachgeschäfte. Die Einzelhändlerinnen platzieren das Produkt in ihren Regalen, damit Kundinnen es kaufen können. Die Kundin besucht das Geschäft, wählt das Produkt aus, kauft es und nimmt es mit nach Hause. Damit ist der gesamte Vertriebsweg vom Unternehmen bis zur Endverbraucherin abgeschlossen.

Aber woher weiß die Kundin, dass sie genau dieses Produkt kaufen soll?

Durch Werbung.

Werbung und Marketing über Fernsehen, Radio, Printmedien, Online-Marketing, soziale Medien, Verkaufsmessen oder Events stellen für das Unternehmen eine weitere erhebliche Ausgabe dar. Nur so wird die Kundin auf das Produkt aufmerksam und entscheidet sich dafür, es anstelle eines Konkurrenzproduktes zu kaufen.

Jeder einzelne Schritt im Vertriebs- und Werbeprozess kostet Geld. Und wer zahlt letztendlich dafür? Man könnte denken, es sei das Unternehmen. Aber woher bekommt das Unternehmen dieses Geld? Richtig: von der Kundin.

Doch wie unterscheidet sich dieser Prozess, wenn wir ihn aus der Perspektive des Network Marketings betrachten?

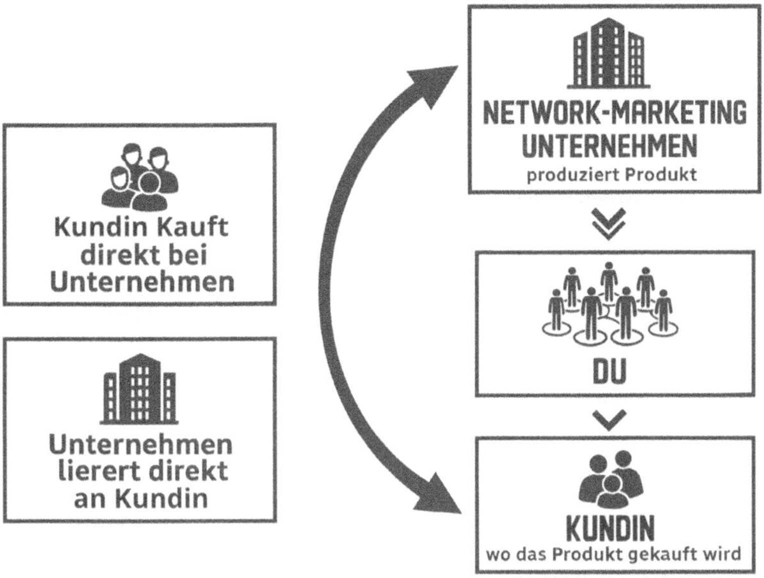

Im Network Marketing übernimmst du als Vertriebspartnerin den Bereich der Werbung. Du kennst das Produkt, weißt, wie man es vermarktet, und kannst es gezielt empfehlen. Du bist die einzige Verbindung zwischen dem Unternehmen und der Kundin. Die Kundin kauft direkt beim Unternehmen, das die Ware ohne Zwischenhändlerin an sie versendet. Durch eine persönliche Empfehlungsnummer oder einen Code erhältst du eine Provision vom Unternehmen für deine Werbung. Wenn du ein Netzwerk aus weiteren Vertriebspartnerinnen aufbaust, kannst du dein Geschäft erweitern und skalieren. Hier beginnt die Magie des Network Marketings. Durch die Hebelwirkung deiner Arbeit kannst du die Anzahl der Kundinnen und den Umsatz deines Netzwerks vervielfachen. Das Unternehmen zahlt dir schließlich eine Provision auf den gesamten Umsatz, der durch dein Netzwerk generiert wird.

Nun folgt die Antwort auf die Frage:
Warum Network Marketing?

Network Marketing ist ein Türöffner zu einer neuen Welt – ein Weg, wahre Freiheit in allen drei Säulen des Lebens zu finden. Ich entdeckte das, als ich das deutsche Junioren-Team coachte und nach der Saison nach Obergurgl, Österreich, eingeladen wurde, um ein paar Tage Skifahren zu gehen. Eines Abends trank ich mit dem Hotelbesitzer, einem Freund von mir, an der Bar ein paar Bier und führten ein philosophisches Gespräch. Das war immer ein recht unterhaltsamer Zeitvertreib nach ein paar Drinks und so kamen wir auf das Leben zu sprechen. Ich erinnere mich, dass ich ihm sagte, wie schön es wäre, mehr Zeit für die Dinge zu haben, die mir wirklich wichtig sind, ohne ständig unter dem Druck zu stehen, "Geld verdienen zu müssen". Dann sagte ich: "Aber um dieses Ziel zu erreichen, braucht man Millionen auf dem Bankkonto." Ich weiß, das war ein Glaubenssatz, den ich damals mit vielen Menschen teilte. Doch genau in diesem Moment unterbrach mein Freund mich und sagte: "Hör' auf, dir diesen Unsinn einzureden. Das Einzige, was du tun musst, ist, Geld zu verdienen, während du schläfst."

Ich war fasziniert und fragte ihn, wie das funktionieren sollte. Der Rest ist Geschichte.

Er zeigte mir, dass wir alle in unserem Leben laufende Ausgaben für Lebensmittel, Schule, Miete, Kleidung usw. haben. Finanzielle Freiheit erreichen wir, in dem unser passives Einkommen unsere laufenden Ausgaben um in unserem Leben1 Euro übersteigt. Zum Beispiel: Wenn deine laufenden Ausgaben 2.000 Euro betragen, bist du finanziell frei, sobald dein passives Einkommen 2.001 Euro erreicht.

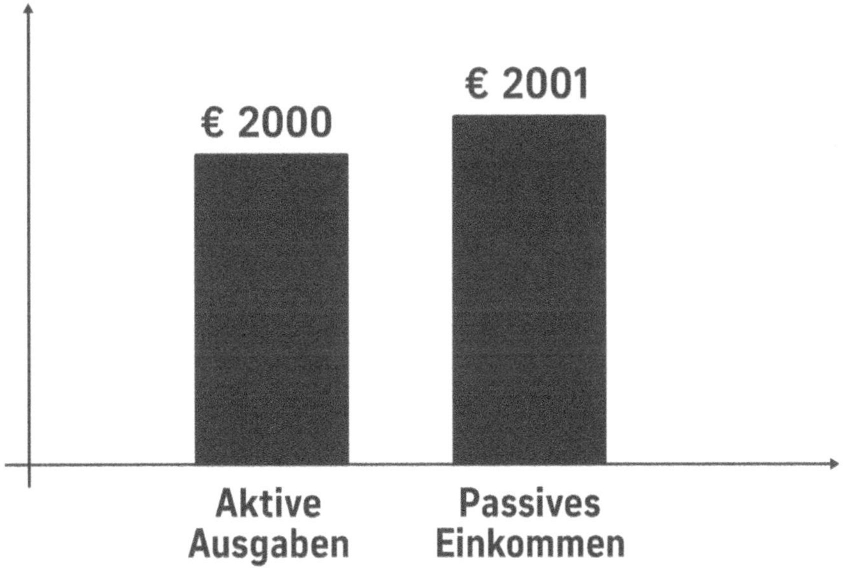

Plötzlich wirkte das Ziel der finanziellen Unabhängigkeit nicht mehr unerreichbar. Der Berg war nicht mehr eine Million Euro hoch, sondern wurde zu einer lösbaren Aufgabe.

Auf jeder Reise, die du im Leben unternimmst, sei es im Geschäftsleben oder privat, gibt es immer Parallelen, aus denen wir lernen können.

Hoffnung, Glaube, Wissen

Diese drei Denkweisen treten in verschiedenen Phasen unserer Reise auf. Wenn wir sie erkennen und ihre Rolle verstehen, können wir unseren Fortschritt besser steuern und nachvollziehen.

Stell dir vor, in der Ferne erhebt sich ein Berg. Doch um dorthin zu gelangen, musst du durch dichten Nebel gehen. Während du durch den Nebel läufst und dein Sichtfeld nur etwa zehn Meter weit reicht, hörst du zwar alles, was um dich herum passiert, aber du kannst es nicht sehen. Du weißt nicht, was dich erwartet, und das erzeugt Angst und Unsicherheit. Doch während du gehst, trägst du die **Hoffnung** in dir, deinen Weg zu finden. Das ist der Beginn deiner Reise. Du begibst dich auf den Weg durch den Nebel, nur mit der Hoffnung im Gepäck, eines Tages den Gipfel des Berges zu erreichen.

Nachdem du die ersten Schritte gemacht und die ersten Meter zurückgelegt hast, wird plötzlich der nächste Abschnitt des Weges sichtbar. In diesem Moment bewegst du dich von der Hoffnung hin zum **Glauben**. Mit jedem weiteren Schritt erkennst du mehr vom Weg, der vor dir liegt. Das stärkt in dir den Glauben, auf dem richtigen Weg zu sein. Also gehst du weiter und weiter, und mit jedem Schritt wächst dieser Glaube in dir.

Schließlich erreichst du den Gipfel. Du blickst zurück und siehst den Nebel unter dir. Jetzt erkennst du mit absoluter Klarheit, welchen Weg du gegangen bist. Du verstehst, dass der Weg immer schon da war, auch wenn du ihn anfangs nicht sehen konntest.

Mit dieser Klarheit und Gewissheit wandelst du dich vom Glauben zum **Wissen**. Du hast keinen Zweifel mehr. Du bist an einem Punkt angekommen, an dem du weißt. Und aus diesem Wissen heraus kannst du nun anderen zeigen, wie sie durch den Nebel gehen und ihren eigenen Berg erklimmen können.

Ich erinnere mich an meine eigene Reise, sowohl im Sport als auch im Network Marketing. In beiden Bereichen war ich ein Spätstarter. Im Sport begann ich erst mit 14 Jahren mit dem Skispringen, viel später als die meisten anderen. Tatsächlich war ich an meiner Schule der mit Abstand schlechteste Springer. Doch meine Trainer entschieden sich, mir eine Chance zu geben. Sie sahen meinen Ehrgeiz und mein Potenzial. Ihr Glaube an mich gab mir Hoffnung. Das war der Beginn meiner Reise.

Als ich 2014 mit Network Marketing begann, wusste ich nicht, was mich erwartete. Alle um mich herum sagten mir, dass ich einen Fehler machte. Ich hatte keine Beweise, keine Fakten, keine Daten, keine Erfolgsgarantie – nur Hoffnung.

Ich hatte schon immer die Vision, ein selbstbestimmtes Leben zu führen. Und als ich ins Network Marketing einstieg, hatte ich die Hoffnung, dass genau diese Branche mir helfen würde, die Lücke zwischen meinem aktuellen Leben und dem Leben, das ich mir wünschte, zu schließen.

Ich erinnere mich genau an den Moment, in dem ich durch den Nebel ging und sich meine Hoffnung in Glauben verwandelte. Es geschah, als ich meine ersten Erfolge erzielte, als ich meine ersten Vertriebspartnerinnen ins Geschäft brachte und ein erstes Team aufbaute. In diesem Augenblick spürte ich: Es ist möglich.

Bei jedem unternehmerischen Vorhaben, insbesondere wenn man etwas Neues beginnt, sind die ersten fünf Jahre die intensivsten. Betrachtest du deine Reise im Network Marketing, wirst du feststellen, dass du anfangs viel Zeit und Mühe investieren musst. Die Anfangsphase ist immer die anspruchsvollste, da du eine völlig neue berufliche Richtung einschlägst.

Du musst viel lernen, viel ausprobieren und viel üben, und die Ergebnisse sind oft nicht sofort sichtbar. Doch wenn du kontinuierlich Zeit und Energie investierst, baust du allmählich Momentum auf, das dich in Richtung Erfolg führt.

In der Phase des Glaubens beginnst du, Hebelwirkung zu erzeugen. Nach und nach, während du deine Fähigkeiten verbesserst und dich besser organisierst, nimmt dein Geschäft Fahrt auf. Du hast die anfänglichen Herausforderungen überwunden, feste Routinen etabliert und siehst, wie dein Team wächst und deine Einnahmen steigen. Der Aufwand und die investierte Zeit werden zwar nie vollständig auf null sinken, aber sie können auf ein Minimum reduziert werden. Und genau dann greift die Magie des passiven Einkommens im Network Marketing.

Im Gegensatz dazu bedeutet traditionelle Beschäftigung, dass deine Zeit direkt mit Geld gleichgesetzt wird. Es spielt keine Rolle, wie viel Einsatz du zeigst, das Ergebnis bleibt meist dasselbe. Als ich in einem Sportgeschäft arbeitete, erhielt ich ein festes Gehalt von 1.400 Euro im Monat, unabhängig davon, ob ich einen oder zehn Paar Skier pro Tag verkaufte. Letztendlich tauschst du also Zeit gegen Geld. Es ist ein kontinuierlicher Austausch, der mit dem Ruhestand abrupt endet.

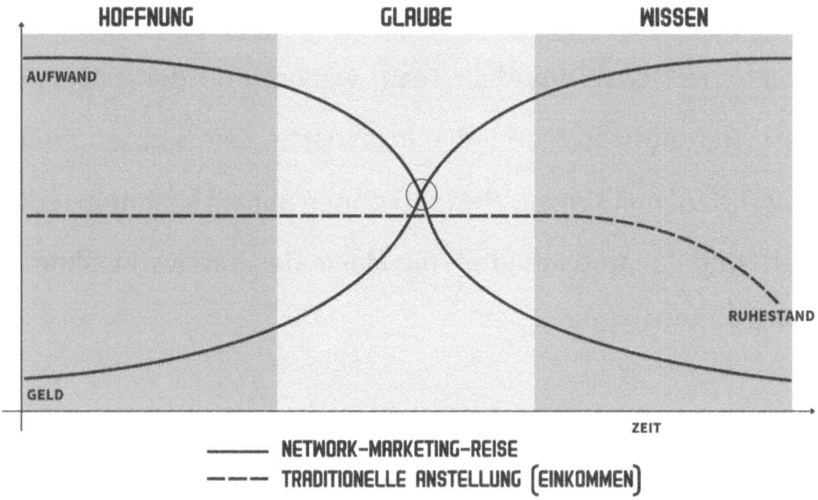

Im Network Marketing gibt es kein festes Gehalt. Alles basiert auf Leistung – es ist das fairste System der Welt. Network Marketing ist die einzige Branche, die ich kenne, in der Frauen, Männer, Schwarze, Weiße, Alte, Junge – ganz egal, wer du bist – alle auf dieselbe Weise bezahlt werden und dieselben Chancen haben. Es gibt keine andere

Branche auf der Welt, in der du zu 100 % genauso bezahlt wirst wie jede andere Person, die die gleiche Leistung erbringt. Immer. Aber wir alle fangen bei null an.

DIE 9 STUFEN DER NETWORK MARKETING *MASTERY*

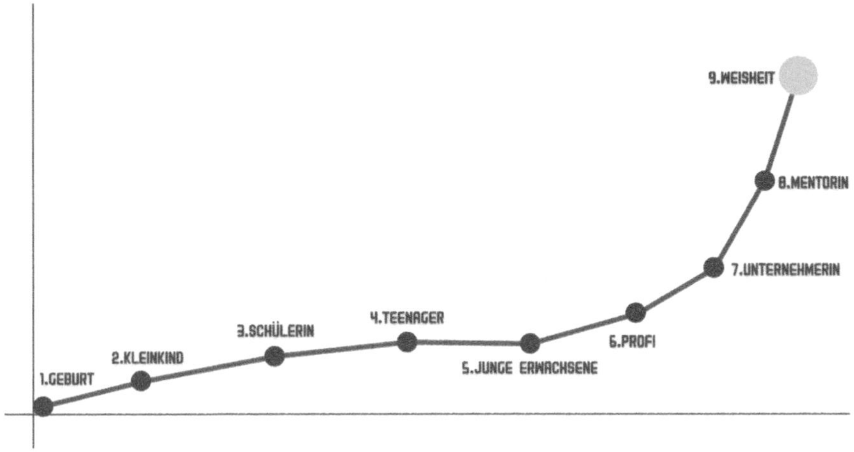

Die ersten drei Stufen von Network Marketing Mastery (Geburt, Kleinkind, Schülerin) sind mit **Hoffnung** verbunden. Wenn du im Network Marketing beginnst, hast du zunächst Hoffnung – die Vorstellung, dass diese Möglichkeit dein Leben verbessern könnte. In dieser Phase geht es darum, ein zusätzliches Einkommen zu generieren, vielleicht ein paar hundert Euro, die dir helfen, deine Lebensqualität zu steigern. Von der Stufe der Geburt über die Stufe des Kleinkindes bis hin zur Stufe der Schülerin wächst deine Hoffnung, bis sie sich schließlich in Glauben verwandelt.

Glauben ist mit den nächsten drei Stufen verbunden (Teenager, junge Erwachsene, Profi). Die Stufe des Teenagers markiert den Übergang von der Hoffnung hin zum echten Glauben an die Chancen im Network Marketing. In der Stufe der jungen Erwachsenen ist es entscheidend, die **vier zentralen Glaubenssätze** zu stärken:

- Den Glauben an die Branche Network Marketing
- Den Glauben an dein Partnerunternehmen, dein Team und das System
- Den Glauben an deine Produkte oder deinen Service
- Den Glauben an dich selbst

Im weiteren Verlauf dieses Buches wirst du mehr über diese vier zentralen Glaubenssätze erfahren.

Dann folgt die Stufe des Profis, die das Ergebnis des gefestigten Glaubens ist.

Es gibt einfache Fragen, die ich gerne Menschen stelle, die sich im Übergang vom Glauben zum **Wissen** befinden – von der Stufe des Profis hin zur Stufe der Unternehmerin:

“Wenn du für zwei Jahre auf Urlaub fahren würdest, wäre dein Geschäft bei deiner Rückkehr größer als zuvor? Würde es in diesen zwei Jahren auch ohne dein Zutun weiterwachsen?”

Viele Menschen antworten darauf mit: “Vielleicht noch nicht.“ Und das ist völlig in Ordnung.

Wenn du diese Frage mit voller Überzeugung mit “Ja“ beantworten kannst, dann bist du eine echte Unternehmerin. Jetzt besitzt du das Geschäft und nicht mehr das Geschäft dich. Für viele Networkerinnen ist mit dem Erreichen der Stufe der Unternehmerin ihr größter Traum wahr geworden. Sie haben ihr Ziel erreicht und können ein selbstbestimmtes Leben führen. Von hier aus hast du die Möglichkeit, deine Reise fortzusetzen und in die Stufe der Mentorin und die Stufe der Weisheit einzutreten. In diesen Stufen führst du nicht nur ein selbstbestimmtes Leben, sondern auch ein Leben geprägt von Fülle und Erfüllung. In den letzten drei Stufen deiner Network-Marketing-Mastery-Reise befindest du dich in der Stufe des **Wissens**. Und in dieser Stufe bist du unerschütterlich in deiner Identität als Network Marketerin. Du hast dein Geschäft aufgebaut und Tausenden von Menschen geholfen, ihre eigenen Unternehmen aufzubauen. Du hast Freiheit in allen drei wichtigen Lebensbereichen (Gesundheit, Geld, Zeit) erlangt.

Network Marketing ist eine großartige Branche und ein Türöffner zu einer neuen Welt. Niemand kann mir jemals erzählen, dass Network Marketing nicht funktioniert. Ich weiß es. Ich habe selbst ein stabiles Network Marketing Geschäft aufgebaut und viele andere auf ihrem Weg zur finanziellen Freiheit und Unabhängigkeit begleitet. Wenn du die letzten Stufen erreichst, ist es unmöglich, noch Zweifel oder Fragen zu haben, denn genau dann hast du das höchste Maß an Wissen erlangt.

The Wheel of Network Marketing *Mastery*

In jedem Network Marketing Unternehmen gibt es einen Karriereplan oder ein Rangsystem, bei dem man sich von unten nach oben hocharbeitet. Allerdings hat der Rang, den du erreichst, nur wenig damit zu tun, in welcher Entwicklungsstufe du dich auf deiner Network-Marketing-Mastery-Reise tatsächlich befindest.

Ein gutes Beispiel dafür findet man auf der Stufe des Kleinkindes. Wenn du Kleinkinder beim Spielen beobachtest, wirst du feststellen, dass sie nur ungern ihre Spielsachen teilen. “Das ist mein Spielzeug.“ – “Ich will es dir nicht geben.“ – “Warum muss ich es teilen?“ Und wenn ihnen das Spielzeug weggenommen wird, werden sie wütend, fangen an zu weinen und verlieren plötzlich die Lust am Spielen.

Als Erwachsene empfinden wir dieses Verhalten als kindisch. Doch genau dieses Verhalten kann man auch im Network Marketing beobachten. Stell dir vor, es gibt eine potenzielle Interessentin und zwei Networkerinnen (Person A und Person B), die beide mit ihr gesprochen haben. Am Ende muss die Interessentin entscheiden, mit wem sie starten möchte, richtig? Wenn sie sich für Person

A entscheidet, könnte Person B denken: “Person A hat meine Interessentin gestohlen. Ich will nichts mehr mit ihr zu tun haben. Ich will nicht mehr mit ihr zusammenarbeiten.“ Dasselbe passiert, wenn die Interessentin sich stattdessen für Person B entscheidet. Dieses Verhalten ist kindisch und verdeutlicht, dass sich die Betreffende in der Stufe des Kleinkindes befindet. Und exakt dieses Verhalten kann man immer wieder im Network Marketing beobachten.

Genau das meine ich, wenn ich sage, dass dein Rang im Unternehmen nur wenig mit der Stufe deiner Network-Marketing-Mastery-Reise zu tun hat.

"DEIN MASS AN ERFOLG WIRD SELTEN DEINE PERSÖNLICHE ENTWICKLUNG ÜBERSTEIGEN, DENN ERFOLG IST ETWAS, DAS DU ANZIEHST, DURCH DIE PERSON ZU DER DU WIRST."

- JIM ROHN -

Das Verständnis von *Die 9 Stufen der Network Marketing Mastery* macht dir deutlich, wo du dich aktuell auf deiner Network-Marketing-Reise befindest und was du tun musst, um in die nächste Stufe zu gelangen. Um dir maximale Klarheit zu gewährleisten und dir die bestmöglichen Erfolgschancen zu geben, habe ich einen Fragebogen zur Standortbestimmung erstellt, der dir genau zeigt, wo du dich auf deinem Weg zu Network Marketing Mastery befindest.

The Wheel of *Network Marketing Mastery* kannst du auf Englisch auf meiner Website finden:

www.NetworkMarketing-Mastery.com

Du kannst jederzeit zum *Wheel* of *Network Marketing Mastery* zurückkehren, um an verschiedenen Punkten deiner Reise mehr Klarheit über deinen Weg zu gewinnen. Es ermöglicht dir, greifbare Ergebnisse zu erkennen, die dir aufzeigen, welche Fähigkeiten du noch stärken musst, um Lernlücken zu schließen. Außerdem hilft es dir zu identifizieren, welche Denkweisen dir möglicherweise noch fehlen, um mit voller Sicherheit in die nächste Stufe überzugehen.

Betrachte es als eine spezielle Version vom *Rad des Lebens* – ein Werkzeug, das dir hilft, alle Bereiche zu bewerten, die du meistern musst, um im Network Marketing wirklich erfolgreich zu sein. Es unterstützt dich dabei, deine Führungsqualitäten, deine Recruiting-Fähigkeiten und dein Mindset zu reflektieren. Zudem zeigt es dir, wo du dich innerhalb der drei Phasen (Hoffnung, Glaube, Wissen) befindest und wie nah du daran bist, die Freiheit der Wahl zu erreichen. Du kannst die Bewertung jederzeit erneut durchführen, deinen Fortschritt überprüfen und weiter an dir arbeiten, bis du eine wahre Meisterin im Network Marketing geworden bist!

Denke daran: Solange verfügbar,
kannst du deine kostenlose Standortbestimmung über

THE WHEEL OF NETWORK MARKETING *MASTERY*

abrufen, indem du folgende Website besuchst:

www.NetworkMarketing-Mastery.com

Warum Network Marketing?

Im Jahr 2014 begann ich mit Network Marketing, und ungefähr zur gleichen Zeit lernte ich das Cashflow-Quadrant-Modell von Robert Kiyosaki kennen. Dieses Modell nutze ich gerne, um zu erklären: Warum Network Marketing?

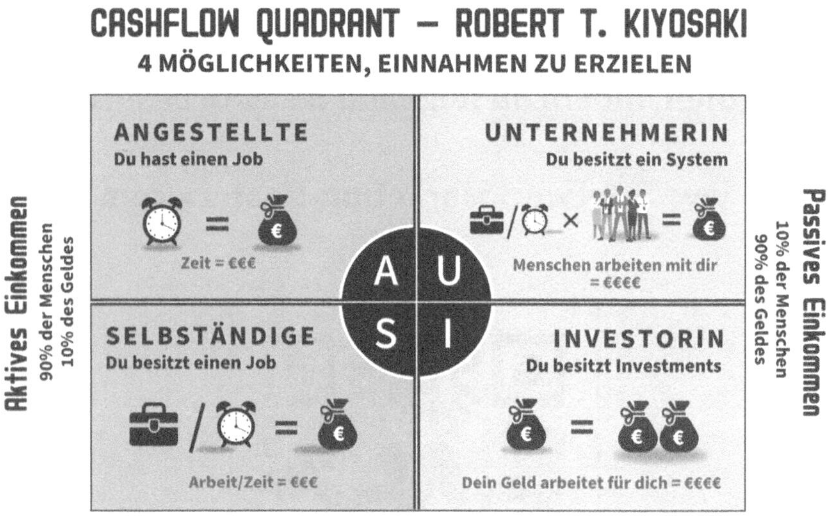

Als Angestellte (A-Quadrant) tauschst du Zeit gegen Geld. Ein gutes Beispiel dafür ist die Geschichte eines Mechanikers. Unser Mechaniker verdient etwa 20 Euro pro Stunde, was bedeutet, dass seine Arbeitsstunde genau diesen Wert hat. Es spielt keine Rolle, wie viele Autos er in dieser Zeit repariert – er wird immer mit 20 Euro pro Stunde bezahlt. Doch unser Mechaniker ist ein kluger Mann. Er stellt fest, dass die Kundinnen, die ihr Auto zur Reparatur in die Werkstatt bringen, zwischen 140 und 160 Euro pro Stunde zahlen, während er selbst nur 20 Euro erhält. Also trifft er eine Entscheidung: Er eröffnet seine eigene Werkstatt. Mit diesem Schritt wechselt er vom A-Quadranten in den S-Quadranten und beginnt, selbständig sein eigenes Geschäft zu führen.

Als Werkstattbesitzer repariert er nicht nur Autos. Er kümmert sich auch um Kundenakquise, Abrechnung, Buchhaltung, Steuererklärung, Reinigung, Werbung und vieles mehr. Als Selbstständiger wird er nicht mehr für seine Zeit, sondern für seine Leistung bezahlt. Sein Erfolg hängt also stark davon ab, wie viel Arbeit er pro Stunde erledigt. Es macht nun einen großen Unterschied, ob er ein Auto oder zwei Autos in derselben Zeit repariert. Doch, wie bereits erwähnt: Unser Mechaniker ist ein kluger Mann. Seine Werkstatt läuft gut, und er fragt sich: "Was würde passieren, wenn ich expandieren und mehrere Filialen eröffnen würde?"

Also eröffnet er weitere Werkstätten, stellt Mitarbeiterinnen ein und wird Unternehmer. Damit wechselt er vom S-Quadranten (Selbstständiger) in den U-Quadranten (Unternehmerin). Jetzt verändert sich seine Einkommensquelle erneut: Je besser seine Mitarbeiterinnen arbeiten, desto höher ist der Umsatz seines Unternehmens. Er muss nicht mehr direkt am Reparaturprozess beteiligt sein. Höchstwahrscheinlich steht er auch gar nicht mehr selbst in der Werkstatt. Doch wie wir wissen, ist unser Mechaniker ein äußerst kluger Mann und führt sein Unternehmen äußerst profitabel. Jetzt steht er jedoch vor einer neuen – aber sehr positiven – Herausforderung.

Was soll er mit seinen Gewinnen machen?

Also beginnt er, zu investieren und wechselt vom U-Quadranten in den I-Quadranten (Investor). Das Spannende am I-Quadranten ist, dass man nicht mehr für Geld arbeitet, denn da arbeitet das Geld für dich. Geld erzeugt mehr Geld. Aber was ist die größte Herausforderung für die meisten Menschen?

Der Mangel an Geld!

Für die meisten Menschen auf der Welt ist dies der schwierigste Quadrant, weil ihnen das nötige Startkapital fehlt, um mit dem Investieren zu beginnen.

Wenn du den Cashflow-Quadranten genauer betrachtest, kannst du ihn in zwei Hälften unterteilen. Auf der linken Seite (A- und S-Quadrant) verdienst du ein aktives Einkommen, das bedeutet, wenn du nicht arbeitest, verdienst du kein Geld. Auf der rechten Seite (U- und I-Quadrant) bist du nicht mehr direkt in den Arbeitsprozess eingebunden und kannst ein passives Einkommen generieren. Noch bemerkenswerter ist die Verteilung des Wohlstands. Auf der linken Seite arbeiten 90 % der Menschen, aber sie besitzen nur 10 % des weltweiten Vermögens. Auf der rechten Seite befinden sich nur 10 % der Menschen, doch sie besitzen 90 % des weltweiten Vermögens. Jetzt halte kurz inne und denk darüber nach: Ist das fair?

Persönlich finde ich es absolut fair.

Warum?

Weil jede Person letztendlich selbst entscheiden kann, auf welcher Seite der Quadranten sie stehen möchte.

An dieser Stelle kommt Network Marketing ins Spiel. Network Marketing bietet einer durchschnittlichen Person eine hervorragende Möglichkeit, den Übergang von der linken auf die rechte Seite des Quadranten zu schaffen – von der Angestellten oder Selbstständigen zur Unternehmerin und Investorin. Tatsächlich beginnt man als Networkerin im S-Quadranten, also als Selbstständige. Denn am Anfang gilt: Wenn du das Produkt oder die Geschäftsmöglichkeit nicht weiterempfiehlst, erzielst du keine Umsätze und verdienst keine Provisionen. Alles hängt also von dir ab.

Wenn du aber deine Begeisterung für dein Produkt, deine Dienstleistung oder deine Geschäftsmöglichkeit mit anderen Menschen teilst, dann gewinnst du deine ersten Kundinnen und Vertriebspartnerinnen für deine Organisation. Das bedeutet, dass du dein Netzwerk aufbaust.

Mit jeder neuen Vertriebspartnerin, die in deine Organisation einsteigt, baust du eine weitere Filiale auf. Dadurch bewegst du dich Schritt für Schritt vom S-Quadranten in den U-Quadranten, von der Selbstständigen zur Unternehmerin.

Als Unternehmerin stehen dir die Türen zur Welt der Investitionen weit offen.

Entwickle dein unternehmerisches Mindset

Aus eigener Erfahrung kann ich sagen: Ich arbeitete gleichzeitig als Angestellter und als Selbstständiger, also in beiden linken Quadranten von Kiyosakis Cashflow-Quadranten. Nach meiner Karriere als Sportler war ich als Verkäufer in einem Sportgeschäft tätig und arbeitete außerdem als Trainer. Erst durch Network Marketing und eine Veränderung meines Mindsets konnte ich den Wechsel von der linken auf die rechte Seite des Quadranten vollziehen.

Was meine ich mit einer Veränderung des Mindsets?

Ich wuchs als Sportler auf, und als Athlet dreht sich alles um den eigenen Erfolg. Später als Trainer ging es nicht mehr um meinen Erfolg, sondern um den Erfolg der Menschen, die ich coachte. Im Sport gibt es ständige Konkurrenz, immer gibt es Gewinnerinnen und Verliererinnen.

Als ich im Network Marketing anfing, hatte ich noch die Einstellung, dass ich der Beste sein und gewinnen musste.

Ich verstand noch nicht, dass man, um Network Marketing zu leben und Erfolg darin zu haben, den "Compound-Effekt" und die Hebelwirkung für sich arbeiten lassen muss.

Im Network Marketing geht es nicht darum, was DU allein leisten kannst, sondern darum, was VIELE MENSCHEN gemeinsam erreichen können. Es geht um Hebelwirkung. Konkret heißt das: Freiheit entsteht nicht dadurch, dass du 100% der Arbeit selbst verrichtest, sondern wenn 100 Menschen 1% der Arbeit leisten. Sobald du dieses Prinzip verstehst und umsetzt, wird dir klar: Es geht nicht um dich, sondern darum, wie viele Menschen du erfolgreich machen kannst.

Ich möchte genauer auf den Unterschied zwischen einer Selbstständigen und einer Unternehmerin eingehen. Eine Selbstständige baut ihren Erfolg allein auf ihren eigenen Fähigkeiten und ihrer eigenen Arbeitskraft auf. **Eine Unternehmerin denkt in Systemen.** Ihr Ziel ist es, ein System zu entwickeln, das auch dann funktioniert, wenn sie selbst nicht aktiv mitarbeitet. Network Marketing ist vielleicht der einfachste Weg, Unternehmerin zu werden, da dir bereits ein funktionierendes und bewährtes System zur Verfügung steht.

Auf deinem Weg zu Network Marketing Mastery gibt es eine einfache Möglichkeit herauszufinden, ob du bereits den Unternehmerinnenstatus erreicht hast. Stelle dir meine Lieblingsfrage:

“Wenn du für zwei Jahre in den Urlaub fahren würdest, würde dein Geschäft wachsen oder schrumpfen?”

- Wenn dein Geschäft wächst, bist du eine Unternehmerin.
- Wenn es schrumpft, bist du es noch nicht.

Deine Reise im Network Marketing beginnt auf der Stufe der Geburt, die im Selbstständigen-Quadranten liegt. Sobald du Stufe 7 erreicht hast, bist du eine echte Unternehmerin. Dies ist das Ziel der meisten Networkerinnen und der Moment, in dem sich für viele die Tür zum I-Quadranten weit öffnet.

Als Unternehmerin im Network Marketing kannst du entscheiden, ob du deinen Weg weitergehen möchtest. Denn die letzten beiden Stufen von *Die 9 Stufen der Network Marketing Mastery* bestehen darin, dein Wissen an eine breitere Zielgruppe weiterzugeben und ein bleibendes Vermächtnis aufzubauen.

Vertiefe dein Wissen

Willkommen auf deiner Reise zu Network Marketing Mastery!

Während du dich durch jedes Kapitel dieses Buches arbeitest, wirst du unglaubliche Möglichkeiten entdecken, die dich in jeder Phase deines Wachstums erwarten. Du wirst wertvolle Erkenntnisse gewinnen, die dich zum Erfolg führen. Damit du das Beste aus jedem Kapitel herausholst, habe ich eine Sammlung von Videos (in englischer Sprache) zusammengestellt, die den Inhalt dieses Buches ergänzen und vertiefen.

Diese Videos bieten dir praxisnahe Einblicke, Expertenwissen und reale Beispiele, die dir helfen, deine Network-Marketing-Reise mit Selbstvertrauen und Klarheit zu meistern. Egal, ob du gerade erst beginnst oder deine Fähigkeiten weiterentwickeln möchtest, diese Ressourcen liefern dir wertvolle Anleitung und Inspiration.

Alle Videos findest du auf meinem YouTube-Kanal, wo ich exklusive Inhalte hochlade, die dir helfen, im Network Marketing erfolgreich zu werden.

"DER EINZIGE WEG, IM NETWORK MARKETING ZU SCHEITERN, IST AUFZUGEBEN."

www.youtube.com/@NetworkMarketingMastery

Um das, was ich in dieser Einführung geteilt habe, zu ergänzen, empfehle ich dir, folgende Videos anzusehen:

1. Robert Kiyosakis Cashflow Quadrant zur finanziellen Unabhängigkeit im Network Marketing

2. Der einzig sichere Weg, im Network Marketing zu scheitern

KAPITEL EINS
DIE STUFE DER GEBURT

Die Stufe der Geburt ist der Moment, in dem sich deine Augen für neue Möglichkeiten öffnen – dein erster Kontakt mit Network Marketing. So wie ein Neugeborenes die Welt betritt, trittst du als Interessentin in die Welt des Network Marketings ein. Du bist unerfahren, naiv und hast keine Ahnung, was auf dich zukommt. Wie ein Baby brauchst du jemanden, die sich um dich kümmert, Zeit in dich investiert und dir hilft, zu wachsen und zu lernen. Es ist, als wärst du ein frisch gepflanzter Samen. Ohne Wasser und Pflege kann dieser nicht gedeihen. Ich selbst verharrte lange in der Stufe der Geburt, bevor ich mich endgültig für den Einstieg ins Network Marketing entschied. Damals war ich ein erfolgreicher Trainer, der olympische Teams und Weltmeister trainierte. Mein Ego war groß – ich hatte viele Meinungen – doch mein Wissen war klein. Als ich das erste Mal mit Network Marketing in Berührung kam, wusste ich nichts über diese Branche.

Ich mochte das Produkt und erkannte, dass es mir helfen könnte, ein gesünderes Leben zu führen und meine Athletinnen zu besseren Leistungen zu bringen. Doch gleichzeitig war ich überzeugt, dass diese "Pyramidensystem-Geschichten" nichts für mich sind.

Ich hatte keine Ahnung, was Network Marketing wirklich ist. Doch im Jahr 2014 kam ich an einen Punkt, an dem mein Schmerz groß genug war, um mich mit dieser Geschäftsmöglichkeit ernsthaft auseinanderzusetzen.

Ich war für etwa drei oder vier Wochen bei den Olympischen Spielen 2014 in Sotschi. Dann kam ich nach Hause zurück, allerdings nur für ein paar Tage, bevor ich erneut zum Nordic Tournament nach Skandinavien aufbrechen musste. Ich war nochmal mehrere Wochen unterwegs, und als ich schließlich heimkam, war es etwa ein Uhr nachts. Ich öffnete die Haustür und ging direkt ins Kinderzimmer. Ich sah, wie meine Kinder schliefen und brach plötzlich in Tränen aus.

Mir wurde klar, dass sich etwas ändern musste. Ich wusste in diesem Augenblick, dass meine Karriere als Trainer vorbei war und dass ich eine Alternative brauchte. Also begann ich, mich, in der Hoffnung, dass es meine Lösung sein könnte, mit Network Marketing auseinanderzusetzen.

Alle in dieser Branche durchlaufen einmal die Stufe der Geburt. Es ist der Start deiner Reise – die Zeit, in der du keine Ahnung hast, was Network Marketing wirklich ist oder wie es dir helfen kann, die Lücke zwischen deinem jetzigen Leben und deinen Träumen zu schließen.

Zu Beginn triffst du häufiger auf Skepsis, Vorurteile und Halbwissen als auf Unterstützung aus dem eigenen Umfeld. Das kann sehr verunsichern.

Deshalb brauchst du in dieser Stufe vor allem Aufmerksamkeit, Sicherheit und jemanden, die deine Fragen beantwortet, dich unterstützt und dir Orientierung gibt. In diesem Kapitel lernst du nicht nur die Grundlagen des Network Marketings kennen, sondern erhältst auch Antworten auf einige deiner drängendsten Fragen, damit du für dich Klarheit und Gewissheit entwickeln kannst.

Dein Einsatz

Ein neues Geschäft zu starten, fühlt sich ganz ähnlich an, wie ein Neugeborenes in seinem Leben zu empfangen. So wie ein Baby Freude, Liebe und Sinn ins Leben bringt, stellt es dich zugleich vor unerwartete Herausforderungen, ganz besonders in den ersten Jahren. Genauso verhält es sich mit Network Marketing. Während dich langfristig Freude, Spaß und Freiheit erwarten, erfordern die ersten Jahre Hingabe, Beständigkeit und die Bereitschaft, zu lernen.

Viele Menschen beginnen nebenberuflich im Network Marketing, sodass es eine zusätzliche Verpflichtung zu dem Hauptjob darstellt. Auch wenn es anfangs nicht deine gesamte Arbeitszeit beansprucht, erfordert es dennoch beachtlichen Fokus und Einsatz. Doch das Schöne an Network Marketing ist seine Flexibilität. Du musst nicht sofort all deine Zeit investieren. Wenn du über einen Zeitraum von drei Jahren konsequent fünf bis zehn Stunden pro Woche investierst, kann sich aus deinem Nebenverdienst ein florierendes Vollzeitgeschäft entwickeln.

Die größte Herausforderung besteht darin, dass viele Menschen nicht konsequent bei der Sache bleiben.

Meist sind sie für ein paar Wochen motiviert, verlieren dann jedoch den Fokus, weil andere Prioritäten in den Vordergrund rücken. Sie kehren immer wieder sporadisch zurück und müssen jedes Mal von vorne beginnen. Dieses Muster der Unbeständigkeit bremst den Fortschritt und verzögert den Erfolg. Der Schlüssel, um dieses Hindernis zu überwinden, ist einfach:

Bleib beständig.

Beständigkeit bedeutet nicht, dass du jede Minute deines Tages deinem Network-Marketing-Geschäft widmen musst. Beständigkeit heißt vielmehr, eine Routine zu finden, die für dich stimmig ist und sie konsequent einzuhalten. Ob fünf Stunden pro Woche oder mehr, kontinuierlicher Einsatz führt mit der Zeit zu Ergebnissen. Diese konsequenten Bemühungen bringen neue Kundinnen, ziehen Geschäftspartnerinnen an und helfen dir, ein solides Team und ein erfolgreiches Unternehmen aufzubauen.

Als ich begann, war ich noch Vollzeit als Trainer tätig. Ich investierte fünf bis zehn Stunden pro Woche in den Aufbau meines Network-Marketing-Geschäfts. So konnte ich Schritt für Schritt den Übergang vollziehen und schließlich meine Trainerkarriere hinter mir lassen. Ich kenne viele Menschen, die diesen Weg erfolgreich gegangen sind. Sie haben lukrative, “sichere“ Karrieren aufgegeben, um die Freiheit zu genießen, die Network Marketing ihnen bietet.

Network Marketing erfordert eine starke mentale Einstellung. Besonders am Anfang kann die Unsicherheit, nicht genau zu wissen, wie viel Einkommen man erzielen wird, entmutigend sein. Ein starkes Selbstvertrauen ist entscheidend, um diese Stufe zu überstehen. Dieses Vertrauen wächst mit der Zeit. Mit jedem kleinen Schritt, den du beim Aufbau deines Geschäftes machst, gewinnst du an Sicherheit und Stabilität. Es geht nicht darum, dein Leben auf einen Schlag zu verändern, sondern darum, mit festem Glauben immer wieder kleine Feinjustierungen vorzunehmen und darauf zu vertrauen, dass diese kleinen Veränderungen langfristig große Ergebnisse bringen. Ein gutes Beispiel dafür ist ein Flugzeug, das von Wien nach New York fliegt. Wenn die Pilotin den Kurs nur um einen Millimeter verändert, wirkt das zunächst unbedeutend. Doch über Tausende von Kilometern hinweg summiert sich diese minimale Kursabweichung, bis das Flugzeug schließlich an einem völlig anderen Ort landet.

Der Compound-Effekt, im Deutschen “das Prinzip der kombinierten Wirkung“ genannt, zeigt, dass selbst kleine Handlungen zu beachtlichen Ergebnissen führen können. Auch wenn du dein Leben nicht über Nacht radikal verändern kannst oder willst, kannst du heute Entscheidungen treffen und konsequente Maßnahmen ergreifen, die einen neuen Kurs für deine Zukunft bestimmen. Wenn du dir höhere Standards setzt und deine Handlungen konsequent daran misst, erzielst du spürbare Fortschritte. Das könnte zum Beispiel bedeuten, deiner Gesundheit zuliebe die Treppe anstelle des Aufzugs zu nehmen, mehr Wasser zu trinken oder Zucker aus deinem Kaffee zu streichen. Diese Entscheidungen mögen einzeln betrachtet unbedeutend erscheinen, doch durch kontinuierliche Wiederholung summieren sie sich im Laufe der Zeit. Und genau das ist der Compound-Effekt.

Mach deinen Erfolg zur Priorität

Seit zehn Jahren bin ich nun im Network Marketing tätig und habe mich stetig weiterentwickelt. Und jedes Mal, wenn ich für eine neue Karrierestufe auf der Bühne geehrt werde, stellt man mir dieselbe Frage:

Was ist dein wichtigster Tipp für Erfolg im Network Marketing?

Auch meine Antwort ist immer dieselbe: Mach deinen Erfolg zur Priorität. Wenn du Ergebnisse sehen willst, musst du dich zu deinem eigenen Erfolg bekennen. Ich habe sowohl als Profisportler als auch als Trainer gelernt: Wenn du eine Sache nur halbherzig angehst – nur die Zehenspitze reinhältst, ohne dich zu verpflichten –, wirst du nicht erfolgreich werden. Erfolg passiert nicht zufällig. Er erfordert klare Absicht und entschlossene Hingabe. Doch hier liegt die eigentliche Herausforderung: Viele Menschen schrecken davor zurück, diesen entscheidenden Schritt zu gehen. Sie zögern, weil sie nicht sicher sind, was es bedeutet, den eigenen Erfolg wirklich zur obersten Priorität zu machen. Oft ist die wahre Ursache dieser Zurückhaltung die Angst vor dem Scheitern. Ironischerweise haben sie, indem sie ein mögliches Scheitern vermeiden wollen, schon verloren. Denn sie haben es nie wirklich versucht.

Dazu passt ein berühmtes Zitat von Henry Ford:

“Ob du denkst, du kannst es, oder du denkst, du kannst es nicht – du hast immer recht.“

Dieser Spruch erinnert eindrucksvoll daran, dass deine Denkweise deine Realität formt. Wenn du ständig Angst vor dem Scheitern hast, setzt du dir damit selbst Grenzen. Doch wenn du dich bewusst entscheidest, an dein Potenzial zu glauben und deinen Erfolg zur Priorität zu machen, eröffnen sich plötzlich Möglichkeiten, die vorher unerreichbar schienen.

Meine Herausforderung an dich: Denk einmal über folgende Frage nach. Was würde sich in deinem Leben verändern, wenn du deinen Erfolg zur Priorität machst? Was wäre, wenn du aufhörst, dir Sorgen darüber zu machen, was andere denken, und deine Energie stattdessen ganz auf deine eigenen Ziele richtest? Erfolg ist für jene greifbar, die den Mut haben, ihn zu ihrer Priorität zu machen.

Die ideale Interessentin finden

Im Network Marketing ist einer der wichtigsten Schritte auf dem Weg zum Erfolg, geeignete Interessentinnen zu finden. Doch es geht nicht darum, wahllos irgendjemanden anzusprechen. Es ist entscheidend, die Bedürfnisse deiner potenziellen Partnerin zu verstehen. Nicht jede ist zu jedem Zeitpunkt offen für eine neue Gelegenheit. Menschen befinden sich in unterschiedlichen persönlichen Lebensphasen, und ihre Bereitschaft, sich auf neue Chancen einzulassen, variiert daher stark. Hier kommt das Verständnis von den “Phasen des Bewusstseins“ ins Spiel. Wenn du weißt, wo sich deine Interessentin befindet, kannst du deine Ansprache gezielt anpassen, um sicher zu stellen, dass du zur richtigen Zeit die richtige Botschaft vermittelst.

PHASEN DES BEWUSSTSEINS

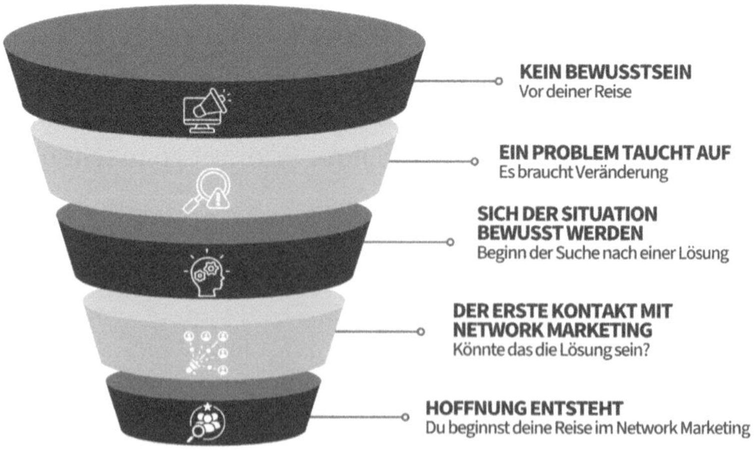

Die verschiedenen Phasen des Bewusstseins über die eigene Situation helfen dir zu erkennen, mit welcher Art von Interessentin du es zu tun hast.

Ein Beispiel: Eine Person ganz **ohne Bewusstsein** für neue Möglichkeiten, die ihr Leben bereits für perfekt hält, ist weit davon entfernt, ideale Kandidatinnen für Network Marketing zu sein. Viele Menschen verbleiben ewig in dieser Phase, sie entwickeln nie ein Bewusstsein für neue Chancen und erkennen nicht, dass sie so viel mehr Freiheit in ihrem Leben haben könnten.

Veränderung beginnt erst, wenn ein **Problem auftritt**. Wenn der Schmerz oder die Unzufriedenheit zu groß wird, erkennen Menschen, dass sie etwas ändern müssen. In dieser Phase wissen sie, dass es ein Problem in ihrem Leben gibt, das sie lösen müssen.

In diesem Moment fassen sie den festen Entschluss, eine Veränderung herbeizuführen. Genau dann **entwickeln** sie ein echtes **Bewusstsein** und beginnen, proaktiv nach einer Lösung zu suchen. An diesem Punkt werden Menschen **offen dafür, Network Marketing** näher kennenzulernen. Während sie ihr Verständnis vertiefen und neue Einsichten gewinnen, erkennen sie schließlich die Chance, die sich ihnen bietet. Mit allen notwendigen Informationen ausgestattet, treffen sie eine bewusste Entscheidung, in die lohnende Welt des Network Marketings einzusteigen und sich darin weiterzuentwickeln. Dies markiert den Beginn ihrer Reise, angetrieben von einer **neuen Hoffnung**.

Sobald Menschen das Konzept des Network Marketings und die damit verbundenen Möglichkeiten verstehen, erkennen sie schnell, dass es sich um eine faszinierende Branche handelt. Das richtige Unternehmen bildet zusammen mit dem passenden Produkt oder Service das Fundament für ihren Erfolg. Glauben sie an dich und daran, mit dir gemeinsam erfolgreich sein zu können, werden sie deine Vertriebspartnerinnen. Doch der entscheidendste Moment kommt dann, wenn sie an sich selbst und an ihre eigene Fähigkeit, erfolgreich zu werden, glauben.

So ein Selbstvertrauen zu entwickeln kann eine Herausforderung sein und ist oft das größte Hindernis zwischen dir und deiner Freiheit. Deshalb ist die Welt des Network Marketings voller Mentorinnen. Besonders in den ersten paar Stufen deiner Reise ist eine Mentorin unerlässlich. Sie begleitet dich durch deine ersten Schritte im Geschäft, unterstützt dich dabei, deine ersten Kundinnen und Partnerinnen zu gewinnen, und gibt dir Empfehlungen, welche Bücher und Weiterbildungen für deine persönliche Entwicklung hilfreich sein können. Mentorinnen sind wertvolle Wegbegleiterinnen, die dich auf deinem Weg unterstützen, inspirieren und voranbringen.

Es ist entscheidend, Network Marketing mit einer offenen Einstellung anzugehen. Viele Menschen versuchen, ihre bisherigen Berufserfahrungen direkt auf Network Marketing zu übertragen. Sie nehmen einfach an, dass bewährte Strategien aus ihrer bisherigen Karriere auch hier funktionieren. Ich habe es unzählige Male erlebt: Erfolgreiche Fachleute aus anderen Branchen versuchen, die gleichen Methoden im Network Marketing anzuwenden. Es fühlt sich vielleicht vertraut und sicher an, doch es führt nicht zu den gewünschten Ergebnissen. Im Network Marketing ist es wichtig, eine lernbereite Haltung einzunehmen und sich auf die bewährten Systeme einzulassen. Deine Sponsorin oder Mentorin ist dafür da, dir diese Systeme vorzustellen und dir zu zeigen, dass du nicht alles allein tun musst. Falls deine Sponsorin dir nicht weiterhelfen kann, suche höher in der Sponsorenlinie nach einer erfahreneren Partnerin, die dich begleitet und unterstützt.

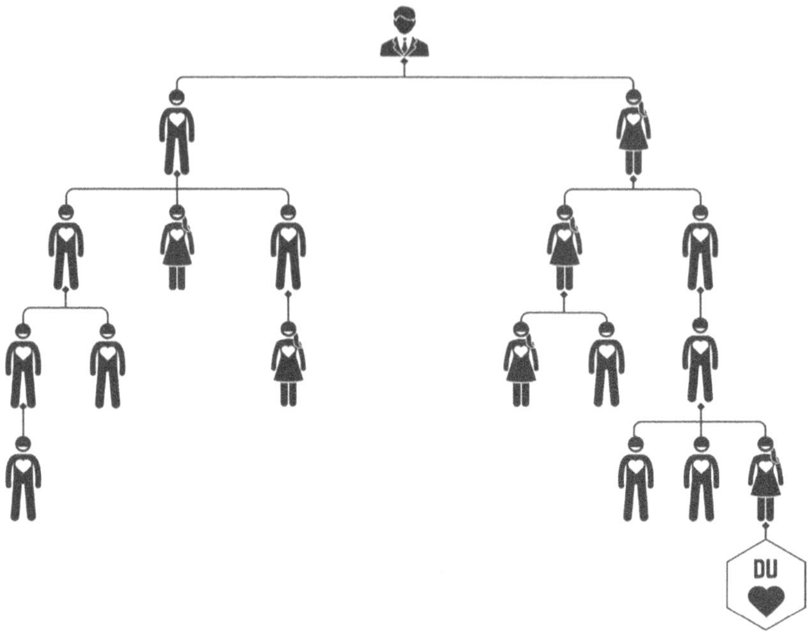

Die Organisationsstruktur im Network Marketing wird als Sponsorenlinie bezeichnet und oft wie ein Baum dargestellt. Sobald du ins Network Marketing einsteigst, wirst du zu einem weiteren Zweig dieses Baumes. Je weiter du in dieser Struktur nach oben in deine sogenannte Upline blickst, desto erfahrener und kompetenter sind die Personen, die darin tätig sind. Das Besondere an Network Marketing ist, dass jede in deiner Upline ein Interesse an deinem Erfolg hat. Dieses Geschäftsmodell basiert auf einer Win-win- Situation für alle Beteiligten:

Die Kundin erhält ein Produkt, das ihr echten Mehrwert bietet und mit dem sie zufrieden ist. Du erhältst als Empfehlungsgeberin eine Provision oder einen Bonus für deine Empfehlung. Deine Mentorin oder Sponsorin, die dich unterstützt und geschult hat, erhält ebenfalls eine Vergütung vom Unternehmen, weil sie zur Umsatzsteigerung beigetragen hat. Und das Unternehmen floriert, weil seine Gesamtverkäufe wachsen. Dieses System ist so aufgebaut, dass alle Beteiligten profitieren, wenn du erfolgreich bist, und sich aus diesem Grunde dafür einsetzen, dass du so gut wie möglich unterstützt wirst. Führe daher immer eine offene und ehrliche Kommunikation mit deinen Sponsorinnen und deiner Upline.

Falls du jemals das Gefühl hast, dass dir deine direkte Sponsorin nicht die Unterstützung oder die Antworten geben kann, die du brauchst, sprich es offen an. Du könntest es beispielsweise so formulieren: “Ich bin wirklich dankbar für alles, was du für mich getan hast und dafür, dass du mich in dieses Geschäft eingeführt hast. Aber ich möchte mein Wachstum beschleunigen. Wenn es für dich in Ordnung ist, würde ich mich zusätzlich an deine Sponsorin oder jemanden weiter oben in der Upline wenden, um weitere Unterstützung zu erhalten.“

Mit einer offenen und respektvollen Kommunikation wird sich niemand angegriffen fühlen. Im Network Marketing ist jede selbstständig. Es ist dein Geschäft. Es sind deine Entscheidungen und deine Ziele, die deinen Erfolg bestimmen. Auch wenn wir als Team arbeiten, liegt die letztendliche Verantwortung für dein Wachstum bei dir.

"IM NETWORK-MARKETING LASSEN WIR NIEMANDEN HÄNGEN, SOLANGE DIE PERSON OFFEN UND BEREIT IST, ZU LERNEN. WIR SIND EIN TEAM."

Die größten Mythen über Network Marketing

Häufig haben Menschen bereits eine gefestigte, teils negative Meinung über Network Marketing. Ich habe mein Bestes getan, um ein klares Bild von Network Marketing zu zeichnen, die Vorteile, Chancen und das Potenzial, das es für dein Leben bieten kann. Gerade in der Anfangsphase deiner Reise, in dem, was ich die Stufe der Geburt nenne, wirst du möglicherweise auf Widerstand stoßen, auch von Menschen, die dir nahestehen aber deine Begeisterung nicht teilen.

Die Mythen über Network Marketing werden oft gerade von jenen verbreitet, die sich nie wirklich mit dem Thema auseinandergesetzt haben. Sie wiederholen dieselben falschen Annahmen, die viele andere davon abhalten, die außergewöhnlichen Chancen zu entdecken, die Network Marketing bietet.

Ohne die richtigen Informationen kann es leicht passieren, dass man diesen Mythen Glauben schenkt, besonders, wenn noch keine ersten Erfolge sichtbar sind. Zu Beginn deiner Reise stützt du dich auf Begeisterung, Hoffnung und Leidenschaft, doch manchmal reicht das allein nicht aus. Auf den nächsten Seiten möchte ich dir Klarheit und Selbstvertrauen geben, indem wir die gängigsten Mythen über Network Marketing genauer unter die Lupe nehmen.

- **Mythos #1 – Network Marketing ist ein Pyramidensystem**

Es steht außer Frage: Pyramidensysteme existieren. Das liegt daran, dass Network Marketing auf dem Prinzip der Hebelwirkung basiert. Du kannst deine eigene Arbeitsleistung vervielfältigen und damit auch deinen Umsatz. Das macht das Konzept für viele Menschen äußerst attraktiv. Doch alles, was attraktiv ist, wird leider von einigen auch missbraucht. Deshalb gibt es illegale Pyramidensysteme. Die Herausforderung besteht darin, den Unterschied zwischen einem legalen Network Marketing Unternehmen und einem illegalen Schneeballsystem zu erkennen.

Wie bereits erwähnt, bricht ein Pyramidensystem zusammen, sobald das Recruiting zum Stillstand kommt. Ohne neue Teilnehmerinnen funktioniert es nicht mehr. Bei einem seriösen Network Marketing Geschäft ist das anders: Selbst, wenn keine neuen Vertriebspartnerinnen mehr hinzukommen, kaufen Kundinnen weiterhin die Produkte. Solange also Nachfrage besteht, bleibt auch das Unternehmen bestehen. So lässt sich recht einfach der Unterschied zwischen einem legitimen Network-Marketing Unternehmen und einem illegalen Pyramidensystem erkennen.

Behalte stets im Hinterkopf, dass seriöse Network Marketing Unternehmen echte Geschäftsmöglichkeiten mit geringen Startkosten und einem hohen Einkommenspotenzial bieten. Da es Pyramidensysteme gibt, ist es wichtig, dass du dich, noch bevor du dein Geschäft startest, gut informierst und fundierte Entscheidungen triffst, am besten mit der Unterstützung eines vertrauenswürdigen Experten.

Wenn Network Marketing richtig und seriös betrieben wird, ist es ein kraftvolles Werkzeug, um finanzielle Unabhängigkeit und Erfolg zu erreichen. Deshalb ist es entscheidend, den Unterschied zwischen einem legitimen Network-Marketing Unternehmen und einem Pyramidensystem zu verstehen. Nur so kannst du dich sicher in dieser Branche bewegen und die Chancen nutzen, die sie dir bietet.

- **Mythos #2 – Timing ist alles**

Viele Menschen glauben, dass es im Network Marketing auf das richtige Timing ankommt, also darauf, eine der Ersten zu sein, um "ganz oben in der Pyramide" zu stehen. Doch das ist nur bei einem *Pyramidensystem* der Fall. Im seriösen Network Marketing spielt Timing keine Rolle. Als ich begonnen habe, gab es das Unternehmen, mit dem ich auch heute arbeite, bereits seit 17 Jahren. Zwischen mir und der Unternehmensführung lagen Hunderte von Vertriebspartnerinnen, die bereits ihr Geschäft aufgebaut hatten. Und doch bin ich heute einer der Top-Verdiener im Unternehmen. Das zeigt deutlich: Auf den Zeitpunkt deines Einstiegs kommt es nicht an.

Ich habe miterlebt, wie Kolleginnen, die zur gleichen Zeit wie ich angefangen haben, gescheitert sind, weil sie nicht die nötige Arbeit investiert haben und dementsprechend jetzt nichts verdienen. Andererseits habe ich gesehen, wie Menschen, die erst Jahre später eingestiegen sind, durch Fleiß und Engagement ein beträchtliches Einkommen aufgebaut haben.

Warum? Weil Network Marketing auf Leistung basiert: Je mehr du leistest, desto besser wirst du bezahlt.

Ein Geschäftspartner von mir sagt immer: "Diejenigen, die am meisten arbeiten, verdienen auch das meiste Geld." Und er könnte nicht richtiger liegen. Timing spielt im Network Marketing keine Rolle. Dein Erfolg hängt allein von deinem Einsatz und deiner Beständigkeit ab, dein Geschäft aufzubauen. Ein seriöses Network Marketing Unternehmen vergütet seine Vertriebspartnerinnen auf Basis ihres generierten Umsatzes. Das bedeutet, dass allein die Leistung den Erfolg bestimmt.

- **Mythos #3 – Andere arbeiten für dich**

Zu viele Menschen glauben fälschlicherweise, dass im Network Marketing andere für einen arbeiten. Tatsächlich ist das Gegenteil der Fall. Auch Neueinsteiger in der Branche verstehen diesen Punkt anfangs oft nicht ganz.

Je länger du dich dem Aufbau deines Teams widmest, desto größer wird es. Mit der Zeit entwickelst du deine Führungsqualitäten weiter und steigst in den Rängen auf. Dabei übernimmst du ganz natürlich eine Führungsrolle. Doch im Gegensatz zu klassischen Unternehmensstrukturen, in denen Mitarbeiterinnen angestellt sind und Weisungen folgen, führt im Network Marketing jede ihr eigenes, unabhängiges Geschäft.

Das bedeutet: Deine Führung basiert nicht auf Autorität, sondern auf Inspiration, Unterstützung und Mentoring.

Wenn du jemanden neu in dein Team aufnimmst, übernimmst du die Verantwortung, sie zu begleiten, zu schulen und zu unterstützen, damit sie ihre eigenen Ziele erreicht. Dieses Mentoring ist entscheidend, denn entgegen der weit verbreiteten Meinung arbeiten andere in deinem Netzwerk nicht für dich – sie arbeiten mit dir. Jede verfolgt ihre eigenen unternehmerischen Ziele, und dein Erfolg hängt davon ab, wie gut du dein Team unterstützt.

Es liegt in deiner Verantwortung, ein Umfeld zu schaffen, in dem dein Team erfolgreich werden kann. Dein Team arbeitet nicht für dich. Du arbeitest für dein Team. Sei dir dessen immer bewusst.

- **Mythos #4 – Schnelles und einfaches Geld**

Einer der hartnäckigsten Mythen über Network Marketing ist, dass es ein schneller und einfacher Weg sei, viel Geld zu verdienen. Ironischerweise wird dieser Mythos oft von Menschen innerhalb der Branche selbst verbreitet.

Ich habe unzählige Präsentationen erlebt, in denen es hieß: "Es ist total einfach, du musst nur das tun..." oder "Du brauchst nur ein paar Leute ins Team zu holen..." oder "Es ist ein Selbstläufer, ein No-Brainer!" Solche Aussagen schaffen unrealistische Erwartungen bei Neueinsteigern.

Das Problem mit solchen Aussagen ist, dass sie ein völlig falsches Bild davon vermitteln, worum es im Network Marketing wirklich geht. Wenn neue Vertriebspartnerinnen hören, dass alles "einfach" sei, treten sie oft mit der Erwartung ein, schnell und mühelos reich zu werden. Sie glauben, dass sie finanziellen Erfolg erzielen können, ohne die dafür notwendige Zeit, Anstrengung und harte Arbeit zu investieren. Doch das könnte nicht weiter von der Realität entfernt sein.

Network Marketing ist ein seriöses Geschäft. Wie jedes unternehmerische Vorhaben erfordert es Engagement, Ausdauer und die Bereitschaft, zu lernen und zu wachsen. Ja, Erfolg im Network Marketing ist möglich, aber er wird dir nicht auf dem Silbertablett serviert. Du musst bereit sein, in deine persönliche Entwicklung zu investieren, dich Herausforderungen zu stellen und dich auf den langfristigen Prozess des Geschäftsaufbaus einzulassen. Erfolg erfordert Einsatz, und wer etwas anderes behauptet, führt dich in die Irre.

Wenn Network Marketing wirklich "einfach" wäre, dann wären alle darin erfolgreich. Die Wahrheit ist jedoch: Es ist ein Weg für Menschen mit einer klaren Vision - für jene, die bereit sind, die Lücke zwischen dem Status quo und ihren Träumen zu schließen. Es ist eine großartige Chance, besonders für ganz normale Menschen, die sich ein überdurchschnittliches Leben aufbauen wollen. Aber es ist keineswegs ein "Schnell-werde-reich-System." Network Marketing richtet sich an Menschen, die bereit sind, kontinuierlich Einsatz zu zeigen, um langfristigen Erfolg zu schaffen.

Also räumen wir mit diesem Mythos ein für alle Mal auf: Network Marketing ist kein "Schnell-werde-reich-System." Doch für alle, die die richtige Einstellung, Ehrgeiz und echte Entschlossenheit mitbringen, ist es eine wirkungsvolle Plattform, um finanzielle und persönliche Freiheit zu erlangen.

- **Mythos #5 – Es geht nur ums Verkaufen**

"Man muss eine Verkäuferin sein, um im Network Marketing erfolgreich zu sein."

Vertrau mir: Du musst in dieser Branche keine Verkäuferin sein. Viel wichtiger ist, dass du ein leidenschaftlicher Fan des Produkts, der Dienstleistung und der Geschäftsmöglichkeit bist, die du empfiehlst. Wenn du von deinem Produkt überzeugt bist und deine Begeisterung authentisch mit anderen teilst, wirst du Kundinnen und Vertriebspartnerinnen gewinnen. Also nein, du musst keine Verkäuferin sein. Aber du solltest eine "Menschenfreundin" sein – und das ist ein großer Unterschied. Als jemand, die Menschen mag, hörst du den Menschen zu und zeigst echtes Interesse an ihrem Leben. Und wenn du das tust, erzählen sie dir von den Herausforderungen, mit denen sie konfrontiert sind. Irgendwann öffnet sich dann eine Tür und du kannst ihre Probleme lösen.

Es spielt keine Rolle, welcher Bereich des Lebens betroffen ist, sei es Gesundheit, Finanzen oder Zeit. In jedem dieser Bereiche kannst du mit deinem Produkt, deiner Dienstleistung oder deiner Geschäftsmöglichkeit eine Lösung anbieten. Das Geheimnis liegt darin, deine Erfahrungen zu teilen: Wie hat dir oder auch anderen, die du kennst, dein Produkt, deine Dienstleistung oder dein Geschäft geholfen?

Versuche herauszufinden, welche Herausforderungen die Menschen in ihrem Leben haben. Höre ihnen wirklich zu, denn so schaffst du eine Verbindung, baust Vertrauen auf, und bringst dich in die Position der Problemlöserin. So musst du nie etwas verkaufen.

Die Wandlung von der Verkäuferin zur Problemlöserin ist der Punkt, an dem Network Marketing seine wahre Stärke entfaltet. Wenn du dich darauf konzentrierst, die Bedürfnisse der Menschen zu erfüllen, anstatt ihnen einfach etwas zu verkaufen, wirst du feststellen, dass deine Herangehensweise auf mehr Akzeptanz und Vertrauen stößt.

Ich habe bemerkenswerte Ergebnisse erzielt, nicht durch das Verkaufen, sondern durch Beratung, Coaching und Inspiration. Mein Fokus lag darauf, andere zu ermutigen, ihre eigene unternehmerische Reise im Network Marketing zu beginnen. Denke daran: Die wahre

Magie im Network Marketing liegt in der Hebelwirkung. Obwohl meine Organisation Hundertausende von Kundinnen umfasst, betreue ich persönlich nur eine kleine Anzahl davon direkt. Stattdessen habe ich Menschen gecoacht und befähigt, ihr eigenes Network Marketing Geschäft aufzubauen.

Im Network Marketing geht es nicht ums Verkaufen. Es geht darum, sich zu kümmern, zu coachen, Lösungen anzubieten, andere zu führen und eine Umgebung für Erfolg zu schaffen. Wenn du diese Denkweise annimmst, wirst du zur Problemlöserin und hilfst anderen, ihre Ziele zu erreichen.

Vertiefe dein Wissen

Um das Wissen aus diesem Kapitel zu ergänzen, empfehle ich dir, dir die Zeit zu nehmen und die folgenden Videos (auf Englisch) anzusehen:

1.Die 5 häufigsten Einwände im Network Marketing – für immer entkräftet

2. 5 Wahrheiten über Network Marketing

KAPITEL ZWEI
DIE STUFE DES KLEINKINDS

Sobald du die Entscheidung getroffen hast, dein Network Marketing Geschäft mit der Unterstützung deiner Sponsorin aufzubauen, befindest du dich in der Stufe des Kleinkinds dieser Reise. Manche Menschen treffen diese Entscheidung sofort. Sie wechseln manchmal schon nach dem ersten Meeting direkt von der Stufe der Geburt zur Stufe des Kleinkinds, voller Begeisterung - von Anfang an. Andere brauchen ein paar Gespräche, einige Wochen oder sogar ein ganzes Jahr – und auch das ist völlig in Ordnung. Ich erinnere mich an jemanden, die mehr als ein halbes Jahr gebraucht hat, um loszulegen.

Doch in dem Moment, in dem du dich bewusst entscheidest, ändert sich alles. Der Schalter wird umgelegt – und du bist jetzt eine Networkerin. Du spürst Aufregung, Hoffnung und blickst voller Vorfreude auf eine bessere Zukunft.

Ein magischer Moment, wie es ihn auch beim Skispringen gibt. Wenn du ganz oben auf der Schanze stehst – genau wie am Anfang deiner Network-Marketing-Reise – gibt es viele Unsicherheiten. Du fragst dich: “Wie ist das Wetter? Ist die Spur in gutem Zustand? Wie steht der Wind?” Und vieles mehr.

Beim Skispringen kann vieles passieren und ein Sturz auf der Schanze tut weh. Doch in dem Moment, in dem du den Startbalken verlässt, gibt es kein Zurück mehr. Es geht nur noch in eine Richtung: mit voller Kraft nach vorne. Wenn du in diesem Moment noch an dir zweifelst, ist das keine gute Idee. Genauso ist es im Network Marketing. Wenn du es nur halbherzig versuchst, wird die Landung womöglich nicht gelingen. Du musst mit Klarheit und Entschlossenheit starten, um es durchzuziehen. Und wenn du das tust – wenn du den Sprung wagst –, dann bringst du dein Business zum Fliegen.

So fühlt es sich an, wenn du den Schalter umlegst.

Jetzt ist alles aufregend. Alles neu. Alles spannend. Du sprühst vor unerschütterlicher und grenzenloser Begeisterung und diese Energie ist eine deiner größten Stärken.

In dieser Stufe musst du nicht jedes Detail über das Produkt oder die Dienstleistung kennen, mit der du arbeitest. Dein Wissen über Network Marketing ist vielleicht noch begrenzt, aber du bist begeistert, weil du das Licht am Ende des Tunnels sehen kannst. Du hast eine Vision davon entwickelt, wie diese Chance dein Leben positiv verändern kann. Wahrscheinlich bist du noch recht stark auf die Unterstützung deiner Sponsorin angewiesen. Wie ein Kleinkind bist du neugierig und abenteuerlustig, brauchst aber noch Anleitung und Schutz. Du brauchst jemanden, die dir Grenzen setzt, damit du nicht stolperst oder dir weh tust. Jemand, die, während du wächst, eine Umgebung der Sicherheit und der Klarheit schafft.

Diese Unterstützung ermöglicht es dir, Antworten auf deine Fragen zu finden und zu sehen, was auf deinem Weg nach vorne tatsächlich möglich ist.

Es ist so wichtig, dass du dich voll in das System einklinkst, das deine Upline und das Unternehmen für dich geschaffen haben. Deine Upline ist eine wertvolle Ressource, die über das gesamte Wissen verfügt, um gemeinsam mit dir ein erfolgreiches Geschäft aufzubauen.

Am Anfang nutzt du deine Begeisterung, um Neugier zu wecken. Wenn Menschen sehen und spüren, wie sehr du für dein neues Business brennst, werden sie von Natur aus neugierig und interessiert sein. Doch wenn du zögerlich, unsicher oder nervös auftrittst, wird sich niemand dir anschließen wollen. Stattdessen werden sie mit Einwänden kommen und deine eigenen Zweifel verstärken. In dieser Stufe ist deine Begeisterung dein größtes Kapital. Sie hilft dir nicht nur, dein Momentum aufrechtzuerhalten, sondern auch dein Geschäft voranzutreiben. In diesem Kapitel werde ich mit dir einige der wichtigsten Strategien teilen, mit denen du deine Begeisterung gezielt einsetzen kannst und dir zeigen, welche Herausforderungen in dieser Phase auf dich zukommen. Kein unnötiges Drumherum. Kein Warten. Du bekommst alles, was du brauchst, um deine Vision in die Tat umzusetzen und noch tiefer in diese Welt voller Möglichkeiten einzutauchen.

Die ersten 30 Tage: Deine Begeisterung sinnvoll kanalisieren

Für mich sind die ersten 30 Tage in der Stufe des Kleinkinds entscheidend. Dennoch sehe ich viele Menschen da straucheln, weil sie versuchen, alles unnötig zu verkomplizieren. Dabei liegt der Schlüssel zum Erfolg in der Einfachheit. Deshalb möchte ich mich auf drei Dinge konzentrieren, die dir helfen, es einfach zu halten und in dieser Stufe erfolgreich zu sein.

1. **Finde dein "Warum"**

Viele Menschen haben Angst vor dem Fliegen, weil sie Angst davor haben, abzustürzen. Ihre Zweifel und Einwände halten sie zurück. Doch wie kann man diese Angst überwinden, um überhaupt fliegen zu können?

Du brauchst eine Vision. Du brauchst einen starken Beweggrund. Du musst dein "Warum" kennen.

Wie Jim Rohn sagte:

Reasons come first, answers come second.
Also: Zuerst kommt dein WARUM und die Antworten werden folgen.

Dein "Warum" ist der Treibstoff für deine gesamte Network-Marketing-Reise. Es ist das, was dir Antrieb gibt und dich immer in Bewegung hält. Im Laufe deiner Karriere kann sich dein "Warum" verändern – manchmal sogar komplett. Doch egal, wie oft du es neu definieren oder überdenken musst: Du musst immer wissen, warum du tust, was du tust.

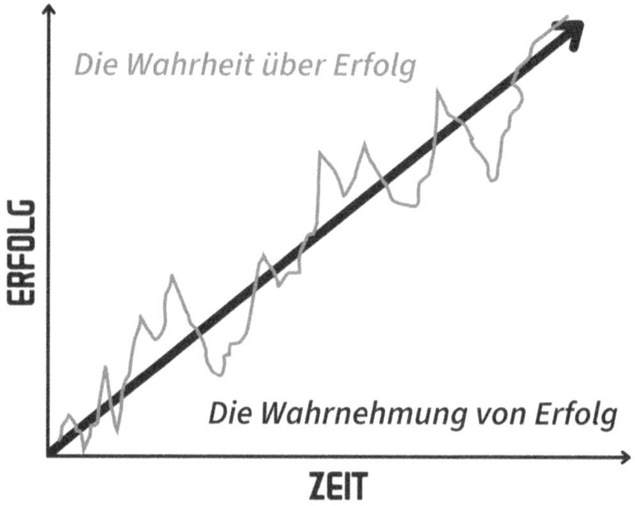

Viele Menschen glauben, dass Erfolg immer linear und stetig nach oben verlaufe. Doch in Wirklichkeit gibt es immer wieder Höhen und Tiefen. Und jedes Mal, wenn du eine dieser Tiefphasen durchläufst, brauchst du dein "Warum". Denn wenn die Herausforderung, vor der du stehst, größer ist als dein "Warum", gibst du auf. Das gilt nicht nur für Network

Marketing, sondern für jeden Bereich des Lebens.

Menschen geben alles Mögliche auf. Sie geben ihre Diäten auf. Sie geben ihre Beziehungen auf. Sie geben Ihre Projekte auf. Manche geben sogar ihr Leben auf. Warum? Weil die Herausforderungen, denen sie begegnen, größer sind als ihre Beweggründe – größer als ihr "Warum".

Stell dir vor, ein Holzbrett liegt auf dem Boden und ich biete dir 20 Euro dafür, darauf zu balancieren. Wahrscheinlich würdest du sagen: "Kein Problem!" und die Herausforderung annehmen. Aber was, wäre wenn ich dieselbe Holzplanke nehme und sie zwischen zwei Wolkenkratzern befestige? Würdest du für 20 Euro nun von einem Hochhaus zum anderen balancieren? Vermutlich nicht. Doch stell dir vor, ich ändere das Szenario und du stehst auf einem Wolkenkratzer, und der andere steht in Flammen. Dein Kind steckt auf dem Dach des brennenden Gebäudes fest. Würdest du jetzt über die Planke gehen? Keine Frage. Die Aufgabe ist genau dieselbe. Was sich verändert hat, ist dein "Warum".

Dein "Warum" zu finden, ist eine Reise des Geistes – vielleicht sogar eine spirituelle Reise. Wenn Menschen über die Gründe nachdenken, warum sie ein eigenes Geschäft starten möchten, konzentrieren sich viele zunächst auf materielle Ziele und oberflächliche Beweggründe. Doch um dein wahres “Warum“ – deine innere Antriebskraft – zu entdecken, musst du tiefer gehen. Frage dich: “Warum sind mir diese materiellen Dinge wichtig? Was ist der eigentliche Grund dahinter?“ Geht es dir wirklich um das schnelle Auto, das große Haus oder die Luxusyacht? Oder geht es eigentlich darum, mit deinem Partner oder deiner Partnerin eine unvergessliche Spritztour zu machen, deinen Kindern ein sicheres Umfeld zu bieten und deine Freundinnen zu einem gemeinsamen Urlaub am Meer einzuladen?

Auf einer tieferen Ebene könnte es auch sein, dass du den Wunsch in dir trägst, dir selbst zu beweisen, dass du es wert bist, und dass du in der Lage bist, für deine Liebsten zu sorgen. Je tiefer du gräbst, desto stärker wird dein “Warum“ und desto mehr kannst du daraus schöpfen.

Als ich aufwuchs, hatten wir nie viel Geld. Meine Eltern taten, was sie konnten, doch viele Chancen blieben mir verwehrt. Als ich mit Network Marketing begann, war mein erstes Ziel schlicht: Geld verdienen. Im Laufe meiner Karriere wurde mir mein eigentliches “Warum“ immer klarer. Mein Antrieb kam nicht nur vom Wunsch nach finanziellem Erfolg, sondern vor allem von der Sehnsucht nach Freiheit und neuen Möglichkeiten – für mich und meine Familie. Später veränderte sich mein “Warum“ noch einmal: Heute treibt mich nicht mehr nur mein persönliches Wachstum an, sondern der Wunsch, andere Menschen zu unterstützen, die Network-Marketing-Branche weiterzuentwickeln und einen positiven Beitrag zur Welt zu leisten.

Entgegen der landläufigen Meinung verläuft Erfolg nicht geradlinig nach oben. Er ist eine holprige Straße, voller Höhen und Tiefen. In jeder Krise, in jeder Herausforderung und in jedem Moment des Zweifels ist es dein "Warum", das dir die Kraft gibt, weiterzumachen, dir hilft, Hindernisse zu überwinden, und dir selbst in den schwierigsten Aufgaben neue Wachstumsmöglichkeiten aufzeigt. Erfolg bedeutet, dass du mit der Zeit – trotz aller Höhen und Tiefen – an einen Punkt gelangst, an dem selbst die Tiefpunkte deiner Karriere höher liegen als die Höhepunkte deiner Anfangszeit. Der Schlüssel ist, immer weiterzugehen.

Wie mein Trainerfreund Bard Joergen Elden immer sagte: **"Gib niemals an einem schlechten Tag auf."** Das war seine wichtigste Erfolgsregel.

Du kannst dich darauf verlassen: Jedes Mal, wenn du zu 100 % von etwas überzeugt bist und eine Entscheidung triffst, stellt das Leben dich auf die Probe. Wenn du dich beispielsweise voll und ganz dem Network Marketing verschreibst, wird das Universum deine Entschlossenheit testen. Es wird dir Herausforderungen in den Weg legen, um zu sehen, wie ernst es dir wirklich ist.

Doch wenn du wirklich entschlossen bist und fest in deinem "Warum" verwurzelt bleibst, wirst du auf jede Herausforderung mit "Los geht's, ich schaffe das!" reagieren. Wenn du an dein "Warum" und an dich selbst glaubst, kannst du jedes Hindernis auf deinem Weg zum Erfolg überwinden.

2. Arbeite ergebnisorientiert

Ich glaube, wenn Menschen mit Network Marketing beginnen und ihr Starterpaket kaufen, stellen sie sich vor allem eine Frage: "Wie bekomme ich mein Geld zurück?" Das wollen die Menschen wissen. Deshalb musst du sicherstellen, dass deine neuen Vertriebspartnerinnen in den ersten 30 Tagen ihre ersten Boni und Provisionen verdienen. Sie müssen eine positive Veränderung auf ihrem Bankkonto sehen. Es geht nicht darum, Facebook- oder Messenger-Gruppen beizutreten, stundenlang zu lesen oder sich mit Nebensächlichkeiten zu beschäftigen. All diese Aktivitäten halten die Leute nur beschäftigt – sie erzeugen aber keine Ergebnisse. Wenn es dir gelingt, schnelle Erfolge zu erzielen, wird das Selbstvertrauen in dein Geschäft enorm steigen. Du wirst erste Ergebnisse sehen und – noch wichtiger – auch deine Vertriebspartnerinnen sehen sie. Dadurch entsteht ein Compound-Effekt. Wenn deine neueste Vertriebspartnerin gleich zu Beginn Erfolgserlebnisse hat und eine

Rendite auf ihre Investition sieht, bleibt sie motiviert, engagiert sich weiter und teilt ihre positiven Erfahrungen mit potenziellen neuen Partnerinnen. Die Herausforderung dabei ist, dass unser Gehirn nur linear denken kann. Deshalb fällt es uns schwer, zu begreifen, wie groß der langfristige Unterschied zwischen frühem Erfolg und einer sich dahinschleppenden Geschäftsentwicklung ist. Ergebnissen und späten Ergebnissen tatsächlich ist. Wir haben keine natürliche Fähigkeit, exponentiell zu denken – doch das, was ich beschrieben habe, erzeugt einen exponentiellen Effekt in deiner Organisation.

DIE KRAFT EXPONENTIELLEN WACHSTUMS

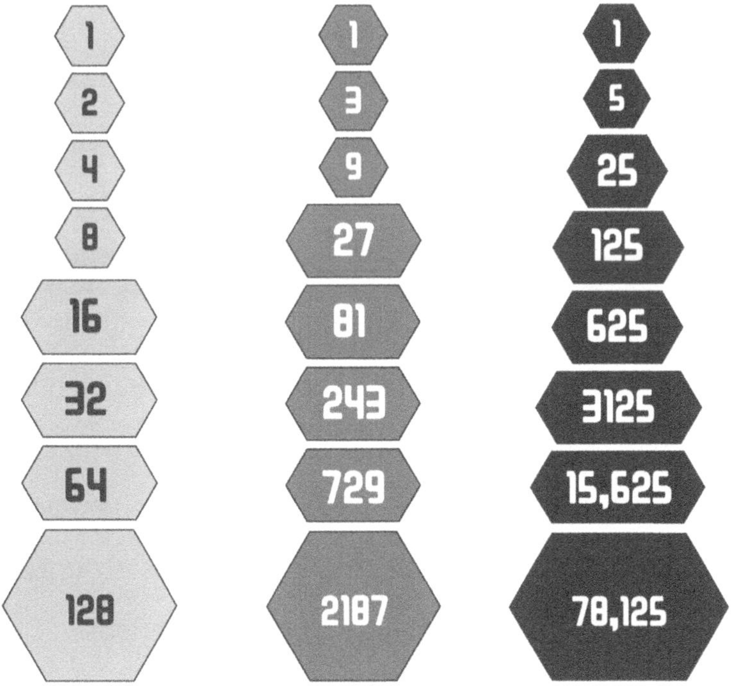

Unser Verstand tut sich schwer damit, die Kraft exponentiellen Wachstums zu begreifen, weil wir uns zu Beginn den späteren Erfolg nicht vorstellen können. Doch im Network Marketing dreht sich alles um die Macht der Duplikation und des exponentiellen Wachstums – und es beginnt alles bei dir.

Ein einfaches Beispiel: Wenn du zwei neue Menschen ins Geschäft bringst und diese wiederum je zwei weitere rekrutieren, hast du vier neue Partnerinnen in deinem Team. Dieses Wachstum setzt sich in gleicher Weise fort. Nehmen wir dasselbe Muster mit einer anderen Ausgangszahl: Rekrutierst du drei neue Menschen, werden daraus neun, dann siebenundzwanzig und so weiter.

Oder stell dir vor, du holst fünf Menschen ins Team – daraus werden fünfundzwanzig, dann einhundertfünfundzwanzig neue Partnerinnen, die deinem Geschäft beitreten. Das ist exponentielles Wachstum, und es ist ungemein kraftvoll. Je schneller du deinen neuen Vertriebspartnerinnen hilfst, erste Ergebnisse zu erzielen und einen Unterschied bei ihren Auszahlungen zu sehen, desto selbstbewusster werden sie über ihr Geschäft sprechen und neue Partnerinnen gewinnen. Das wirkt sich direkt darauf aus, wie gut du duplizierst und exponentielles Wachstum in deiner Organisation erlebst.

3. Struktur aufbauen

Die meisten Menschen, die ins Network Marketing einsteigen, waren davor nie unternehmerisch tätig. Sie sind an den typischen 9-to-5-Alltag gewöhnt, bei dem sie am Ende des Arbeitstages ausstempeln und die restliche Zeit für sich haben. Doch sobald du mit Network Marketing beginnst – selbst, wenn du noch deinem regulären Job nachgehst – trittst du in die Welt des Unternehmertums ein. Das bedeutet, du investierst nun zusätzliche Zeit, um deine Zukunft aufzubauen und arbeitest an deinem eigenen Vermögen. Erfolg in diesem Geschäft erfordert eine starke Basis an intrinsischer Motivation.

Ein Beispiel: Stell dir eine alleinerziehende Mutter vor, die ihren Haushalt managt – kocht, putzt, sich um die Kinder kümmert – und trotzdem ihr Geschäft aufbaut. Sie nutzt jede freie Minute, sei es am Küchentisch, im Wohnzimmer, oder sogar von der Couch aus.

All das unter einen Hut zu bringen, kann eine große Herausforderung sein. Doch eine klare Struktur hilft dabei, den Überblick zu behalten. Ich empfehle dir, deine Woche bewusst zu planen und gezielt Zeitfenster für alles Wichtige zu reservieren. Trage zuerst deine festen Arbeitszeiten für den Broterwerb ein, um dein Leben finanziell abzusichern.

Nachdem du diese fixen Arbeitszeiten festgelegt hast, blockiere bewusst Zeit für dich selbst. Es ist wichtig, dass du deine eigene Gesundheit priorisierst. Denn wenn du körperlich oder mental nicht fit bist, kannst du weder dein Geschäft noch dein Leben effektiv managen. Danach kommt die Familienzeit. In der Begeisterung für dein Business kann es leicht passieren, dass du dich in deiner Vision verlierst und deine Liebsten aus den Augen verlierst. Ich weiß aus eigener Erfahrung, wie schwierig es sein kann, die richtige Balance zu finden, ganz besonders in den Anfangsjahren. Als ich startete, habe ich mir zwei feste Termine pro Woche mit meinen Kindern gesetzt – die restliche Zeit habe ich in den Aufbau meines Geschäfts investiert.

Wenn dein Kalender sich mit den wesentlichen Dingen füllt (Arbeit, Familie, Selbstfürsorge), wirst du anfangen, das zu bemerken, was ich die "unschönen weißen Flecken" nenne – die leeren Zeiträume, in denen noch keine Aufgabe eingeplant ist. Diese sind wertvolle Gelegenheiten um an deinem Network-Marketing-Geschäft zu arbeiten. Achte darauf, dass diese Zeitblöcke jede Woche konsistent bleiben, damit du einen kontinuierlichen Rhythmus aufbauen kannst.

Es hilft außerdem, dir einen festen Arbeitsplatz zu Hause einzurichten, an dem du ungestört arbeiten kannst. Dieser Platz wird zu deinem persönlichen Büro – egal ob du deine Namensliste erstellst, Interessentinnen kontaktierst, oder Termine planst. Es sollte dein eigener Bereich sein, wo du konzentriert und zielgerichtet arbeiten kannst.

So schaffst du dir eine klare Struktur außerhalb des typischen 9-to-5-Systems und arbeitest kontinuierlich auf deinen Erfolg im Network Marketing hin.

Die Märkte verstehen

Ein wichtiger Punkt, den ich ansprechen möchte, ist der Unterschied zwischen dem **heißen Markt**, dem **warmen Markt**, dem **lauwarmen Markt** und dem **kalten Markt** sowie die richtige Herangehensweise für jeden dieser Kontaktarten. In diesem Zusammenhang bezieht sich "Markt" auf verschiedene Kategorien von Menschen, mit denen du in Kontakt trittst. Um von Beginn an absolute Klarheit und Sicherheit zu schaffen, möchte ich betonen, dass wir im Network Marketing für die Akquise von Kundinnen und Partnerinnen ausschließlich mit dem heißen und warmen Markt arbeiten. Das Ziel im lauwarmen und kalten Markt besteht darin, Beziehungen aufzubauen und Vertrauen zu entwickeln, sodass aus diesen Kontakten schrittweise warme oder sogar heiße Kontakte werden.

Im **heißen Markt** findest du deine ersten potenziellen Geschäftspartnerinnen und Kundinnen. Dieser Markt umfasst Menschen, zu denen du ein enges und vertrauensvolles Verhältnis hast und die du direkt und klar ansprechen kannst. Es ist der engste Kreis um dich herum. Der Vorteil dieses heißen Marktes liegt darin, dass du eine offene und klare Kommunikation wählen kannst. Darauf werden wir im weiteren Verlauf noch genauer eingehen. Hier ein kurzes Beispiel: "Hi Tom, du bist einer meiner besten Freunde. Deshalb wünsche ich mir, dass du dir 30 Minuten Zeit nimmst, damit ich dir meine neue Geschäftsmöglichkeit vorstellen kann. Es ist mir wichtig, dass du diese Information einmal gehört hast."

Der **warme Markt** besteht aus Menschen, die du bereits kennst, deren Bedürfnisse du verstehst, und weißt, wie dein Produkt, deine Dienstleistung oder dein Geschäft ihnen helfen kann, ihre Herausforderungen zu lösen. Allerdings ist das Beziehungsverhältnis nicht ganz so ausgeprägt wie beim heißen Markt. Deshalb empfiehlt sich beim warmen Markt die indirekte Ansprache.

Beispiel für eine indirekte Ansprache: Du rufst jemanden an und sagst: "Du hast mir einmal erzählt, dass du Probleme mit dem Schlafen hast. Ist das immer noch so? Ich arbeite jetzt mit einem Produkt, das vielen Menschen geholfen hat, ihre Schlafqualität zu verbessern. Wenn ich dir Informationen dazu gebe, würdest du sie dir anschauen?" Weil du eine bestehende Beziehung zu dieser Person hast, wird sie höchstwahrscheinlich ja sagen – oft sogar ohne, dass du nachfassen musst. (Das Thema Nachfassen bzw. Follow-up wird in einem späteren Kapitel noch genauer besprochen.)

Beim **lauwarmen Markt** handelt es sich um Menschen, mit denen du seit Jahren keinen Kontakt hattest oder die du erst kürzlich kennengelernt hast. Im lauwarmen Markt geht es darum, Zeit mit der Person zu verbringen, Vertrauen aufzubauen und die Beziehung zu vertiefen. Das Ziel ist: Ein Treffen vereinbaren, Verbindungen aufbauen, nachfassen – und früher oder später geht diese Person in den warmen oder heißen Markt über.

In der heutigen digitalen Welt ist es einfacher denn je, mit Menschen in Kontakt zu treten. Du kannst natürlich physische Treffen vereinbaren, gemeinsam einen Kaffee trinken, einen Spaziergang machen und sich dabei von Angesicht zu Angesicht unterhalten. Doch es gibt auch eine ganze Welt online: Alte Freunde über Social Media wiederfinden, über ein paar Nachrichten oder Direktnachrichten eine Verbindung aufbauen, Telefonnummern austauschen und ein Gespräch führen.

Wenn du Zeit mit einer potenziellen Interessentin verbringst, empfehle ich dir, die 80/20-Regel anzuwenden: 20 % der Zeit solltest du gute Fragen stellen, 80 % der Zeit solltest du zuhören. Das Entscheidende dabei ist, dass du echtes Interesse am Leben deiner Interessentin zeigst. Um herauszufinden, was deine Gesprächspartnerin *wirklich braucht*, musst du zuhören.

Wenn du aufmerksam zuhörst, wird sich dein Gegenüber öffnen, und du wirst nicht nur das Gesagte hören, sondern auch zwischen den Zeilen lesen können. Dadurch erkennst du ihre wahren Bedürfnisse und verstehst, warum dein Produkt, deine Dienstleistung oder dein Geschäft eine Lösung für sie sein könnte. Sobald du das erkannt hast, kannst du gezielt und direkt auf ihre Herausforderung eingehen und ihnen eine passende Lösung anbieten.

Zuletzt gibt es den **kalten Markt** – und das ist der **wichtigste Markt**, weil er das größte Potenzial bietet. Warum? Der kalte Markt umfasst die gesamte Welt.

Wenn ich heute auf meine Organisation blicke, stelle ich fest, dass alle großen Führungskräfte – diejenigen, die eigene Teams und Organisationen aufgebaut haben – Menschen sind, die ich erst kennengelernt habe, nachdem ich mich entschieden hatte, Network Marketing wirklich zu meistern. Die Menschen, die du zu Beginn schon kennst, helfen dir selbstverständlich dabei, dein Geschäft in Schwung zu bringen. Aber die wichtigsten Verbindungen und künftigen Leader kommen oft später, während du dein Business aufbaust.

Deshalb ist der kalte Markt der entscheidende Markt für deinen langfristigen Erfolg. Allerdings ist es wichtig, darauf zu achten, wie du den kalten Markt ansprichst und mit ihm interagierst, da dies eine durchdachte und strategische Vorgehensweise erfordert.

Was du auf keinen Fall tun solltest: Wahllos fremde Menschen kontaktieren, um ihnen dein Produkt, deine Dienstleistung oder dein Geschäft vorzustellen. Aufdringliches Pitchen ist genau das Verhalten, das der Branche einen schlechten Ruf verleiht. Du pitchst nicht. Du verwandelst den kalten Markt in einen warmen oder heißen Markt, indem du zuerst eine Beziehung aufbaust und Vertrauen schaffst.

In den ersten 30 Tagen konzentrierst du dich hauptsächlich auf den heißen und warmen Markt – also auf Menschen, die du bereits kennst. Du weißt, was sie brauchen, und kannst ihnen helfen, ihre Lebensqualität zu verbessern. Doch während du dein Geschäft weiter aufbaust, wirst du früher oder später den kalten Markt erschließen müssen.

In den ersten Monaten meiner Reise hatte ich ein einfaches Mantra:

“Jeden Tag zwei machen dich glücklich und frei.“

Mein Ziel war es, jeden Tag zwei neue Kontakte zu knüpfen. Nicht, um direkt über Produkte oder das Geschäft zu sprechen oder Visitenkarten zu verteilen, sondern einfach, um neue Verbindungen aufzubauen und ihre Kontaktdaten in meinem Telefon zu speichern. Das fiel mir nicht leicht – ich bin kein extrovertierter Mensch. Aber ich habe mich bewusst dazu herausgefordert.

Um mich daran zu gewöhnen, habe ich Aufwärmspiele gemacht. Zum Beispiel: Wenn ich durch die Stadt lief, habe ich bewusst Menschen angelächelt. Ich habe Fremden einfach mal "Hallo" gesagt oder nach der Uhrzeit gefragt, nur, um ein Gespräch zu beginnen. Jeden Tag habe ich versucht, mindestens zwei neue Menschen kennenzulernen, indem ich solche kleinen "Spiele" genutzt habe. Und weißt du was? Es hat funktioniert!

Wir begegnen täglich neuen Menschen, und jeder neue Kontakt gehört zunächst zum kalten Markt. Deine Aufgabe ist es nun, eine Beziehung aufzubauen und Kontaktdaten auszutauschen. So wächst deine Kontaktliste – und damit dein Network-Marketing-Geschäft.

Das Potenzial von Social Media

Wenn wir uns **soziale Medien** ansehen, stimme ich vollkommen zu, dass sie ein enormes Potenzial im Network Marketing bieten. Doch, wie in jedem Markt, gibt es auch hier unterschiedliche Arten von Kontakten. Es gibt den heißen und warmen Markt: Menschen, mit denen du über Monate oder sogar Jahre hinweg eine Beziehung aufgebaut hast. Dann gibt es lauwarme Kontakte und schließlich kalte Kontakte, also Menschen, die du nicht persönlich kennst, die dir aber auf sozialen Medien folgen oder mit dir vernetzt sind.

Die gleichen Prinzipien gelten hier wie im traditionellen Networking: Du musst lauwarme oder kalte Kontakte in heiße oder warme Verbindungen verwandeln, indem du Vertrauen aufbaust, ihre Bedürfnisse verstehst und ihnen passende Lösungen anbietest. Dies ist der effektivste Weg, um aus einem kalten Kontakt eine Kundin oder Vertriebspartnerin für dein Unternehmen zu machen.

Leider wird der Ruf der Network-Marketing-Branche oft dadurch geschädigt, dass Vertriebspartnerinnen die sozialen Medien mit ständig wiederholten Beiträgen über ihr Produkt, ihre Dienstleistung oder ihre Geschäftsmöglichkeit überfluten. Stell dir vor, jede Vertriebspartnerin deines Unternehmens würde unaufhörlich dieselbe Geschäftsmöglichkeit bewerben – wie schnell wären die Menschen davon genervt? Dasselbe gilt für dein Produkt oder deine Dienstleistung. Eine Übersättigung kann dazu führen, dass Menschen deine Beiträge ignorieren oder sich frustriert von deinem Unternehmen, deiner Dienstleistung oder deinem Produkt abwenden.

Wenn es um soziale Medien geht, gibt es einen weiteren wichtigen Aspekt zu berücksichtigen: **Influencerinnen**. Im Network Marketing liebt jede die Vorstellung, Influencerinnen in ihrem Team zu haben. Influencerinnen haben über Jahre hinweg starke Beziehungen zu ihren Followerinnen aufgebaut. Für ihre Community fühlen sie sich wie vertraute Personen an – fast so, als würden sie sie persönlich kennen. Deshalb sind ihre Followerinnen für sie ein warmer Markt. Sie haben Vertrauen und Nähe geschaffen, sodass es für ihre Followerinnen so wirkt, als würde eine Freundin zu ihnen sprechen, wenn sie etwas empfehlen.

Die Herausforderung entsteht, wenn Vertriebspartnerinnen mit nur 200 bis 300 Followerinnen versuchen, dieses Verhalten zu imitieren. Sie posten wiederholt, ohne zuvor das gleiche Maß an Vertrauen und Verbindung aufgebaut zu haben – mit dem Ergebnis, dass ihre Bemühungen ins Leere laufen. Anstatt Reichweite zu gewinnen, riskieren sie, ihre Beziehung zu ihren Followerinnen zu schädigen sowie den Ruf ihres Unternehmens und der gesamten Branche zu beeinträchtigen.

Soziale Medien bieten zwar enormes Potenzial, aber die grundlegenden Prinzipien bleiben dieselben: kalte Kontakte in warme verwandeln, ihre Bedürfnisse erkennen, eine Lösung anbieten und zufriedene Kundinnen oder Vertriebspartnerinnen gewinnen. Das ist die wahre Arbeit im Network Marketing – und es gibt keine Abkürzung zum Erfolg.

Denke daran, wie ich es immer sage: Network Marketing ist einfach. Der Schlüssel liegt darin, Menschen zu lieben, denn es ist ein menschenzentriertes Geschäft. Wenn dir Menschen am Herzen liegen, du gerne Verbindungen aufbaust und eine vertrauensvolle Basis schaffst, wird es dir deutlich leichter fallen, dein Network-Marketing-Geschäft weiterzuentwickeln.

Die häufigsten Herausforderungen überwinden

Auf deiner Reise im Network Marketing wirst du auf verschiedene Herausforderungen stoßen. Doch wenn du bereits in der Anfangsphase lernst, mit den häufigsten Problemen umzugehen, kannst du dein Momentum aufrechterhalten und langfristig erfolgreich sein.

Herausforderung #1 – Begeisterung

Eine deiner größten Stärken – und gleichzeitig eine deiner größten Herausforderungen – in der Stufe des Kleinkinds deines Geschäfts ist deine Begeisterung.

Am Anfang sind die Menschen so euphorisch, dass sie versuchen, ihr Produkt und ihre Geschäftsmöglichkeit zu "verkaufen", ohne die notwendigen Fähigkeiten und Strategien zu besitzen. Viel zu oft überfordern neue Vertriebspartnerinnen unbewusst ihr Umfeld – sei es potenzielle Kundinnen, Familie oder Freundinnen. In ihrer Begeisterung übersehen sie manchmal einen entscheidenden Schritt: die Bedürfnisse ihrer Interessentinnen wirklich zu verstehen. Ohne dieses Verständnis kann die Reise schnell in ziellosen Aktionismus übergehen, sodass wertvolles Potenzial und Chancen ungenutzt bleiben.

- **Lösung:** Um mögliche Zurückweisungen in den entscheidenden ersten 30 Tagen deines Geschäfts zu vermeiden, lege ich dir wirklich ans Herz, eng mit deiner Upline zusammenzuarbeiten. Deine Upline ist in dieser Stufe eine deiner wertvollsten Ressourcen: Sie verfügt über Erfahrung, kann Einwände souverän behandeln und erkennt die Bedürfnisse von Einzelpersonen oder Gruppen präzise. Wenn du mit deiner Upline arbeitest, lernst du nicht nur, dein Produkt, deine Dienstleistung oder deine Geschäftsmöglichkeit effektiver zu präsentieren, sondern erhöhst auch deine Chancen auf einen frühen Erfolg – und auf deine ersten Boni. Dieser Ansatz ist eine kraftvolle Strategie, um von Anfang an Momentum aufzubauen.

Herausforderung #2 – Einfluss vergangener Erfahrungen

Ich habe viele Menschen gesehen, die ihre Network-Marketing-Reise beginnen und glauben, dass es genauso funktioniert, wie alles, was sie bisher getan haben. Sie bringen all ihre Erfahrungen aus früheren Unternehmen oder Jobs mit und versuchen, diese direkt auf das Network Marketing zu übertragen. Oft setzen sie auf Systeme, die in anderen Branchen erfolgreich sind, die jedoch nicht unbedingt in *dieser* Branche funktionieren.

Ich bin immer offen für neue, positive Ansätze und Ideen, doch Praxis und Erfahrung haben mir gezeigt, dass wahrer Erfolg davon abhängt, wie offen du dafür bist, dich in bewährte Systeme einzuklinken, die bereits nachweislich erfolgreich sind.

- **Lösung:** Sei bereit, bewährte Systeme zu übernehmen. Viele Menschen haben im Network Marketing Erfolg gefunden und sich große Mühe gegeben, ihr Wissen und ihre Erfahrung mit dir zu teilen. Höre auf sie und nutze ihre bewährten Systeme. Wenn du das nicht tust oder versuchst, alles so zu machen, wie du es gewohnt bist, begrenzt das deine Erfolgschancen.

Herausforderung #3 – Instabilität

In der Stufe des Kleinkinds deines Geschäfts bist du voller Begeisterung und Hoffnung. Doch ähnlich wie ein Kleinkind bist du noch nicht besonders stabil. Diese Instabilität kann sich auf zwei Arten zeigen.

Erstens: Trotz deiner Begeisterung sind dein Wissen und deine innere Stärke noch nicht gefestigt. Wenn Menschen deine Entscheidung hinterfragen oder deine Beteiligung kritisieren, kann das dein Selbstvertrauen erschüttern. Stell dir vor, du hast ein Gespräch mit einer Frau, die sich entscheidet, deinem Network-Marketing-Unternehmen beizutreten und ein Starter-Kit zu kaufen. Sie erzählt es ihrem Ehemann, und er reagiert ungläubig und stellt ihre Entscheidung infrage. Das allein kann ausreichen, um sie zweifeln oder sogar aufzugeben zu lassen.

Die zweite Form der Instabilität zeigt sich durch mangelnde Erfahrung. Viele Menschen glauben, mehr sei besser, und versuchen, gleichzeitig mit mehreren Unternehmen zu arbeiten, um ihre Chancen zu maximieren. Doch sie verteilen ihre Energie zu sehr und jonglieren mit zu vielen Bällen gleichzeitig – und in keiner Branche oder Lebenssituation führt das langfristig zu Erfolg. Wie es so schön heißt: "Jack of all trades, master of none", zu dt. etwa: "In jedem Beruf Gesell, aber in keinem ein Meister".

- **Lösung:** Die Lösung für die erste Form der Instabilität besteht darin, die Unterstützung und Anleitung deiner Sponsorin zu suchen. Deine Sponsorin ist die Person, die dir und deinen Vertriebspartnerinnen Sicherheit und Gewissheit gibt, dass ihr auf dem richtigen Weg seid. Wie in unserem Beispiel könntest du den Ehemann zu einem Meeting mit dir und deiner Upline einladen, um ihm das neue Vorhaben seiner Frau genau zu erklären und seine Zweifel auszuräumen. Die Lösung für die zweite Form der Instabilität ist **Fokus**. Denn: "Wer zwei Hasen jagt, fängt keinen." Wenn du wirklich erfolgreich sein willst, konzentriere dich auf *ein* Unternehmen.

Herausforderung #4 – Das Mangeldenken

Einige Vertriebspartnerinnen in der Stufe des Kleinkinds ihres Geschäfts werden von einer Mangel-Mentalität angetrieben. Was ich damit meine, ist, dass sie das große Ganze noch nicht sehen. Sie betrachten jede potenzielle Kundin als ihr persönliches "Eigentum" – sie brauchen diese Kundin, sie brauchen diese Vertriebspartnerin, sie brauchen dieses Teammitglied. Ein Beispiel: Sie haben vor einigen Monaten mit einer potenziellen Kundin gesprochen, und plötzlich entscheidet sich diese Person, sich bei einer anderen Vertriebspartnerin anzumelden.

Sie sind tief verletzt, versuchen ihr "Eigentum" zu verteidigen und wollen die Interessentin sogar dazu drängen, das Produkt bei ihnen zu kaufen – anstatt bei der anderen Vertriebspartnerin. Sie sehen die gesamte Reise als einen Kampf ums Überleben. Und wenn sie nicht bekommen, was sie wollen, reagieren sie wie ein trotziges Kleinkind und wollen nicht mehr mitspielen.

Sie sind in der Mangel-Mentalität gefangen und vergessen dabei eine wichtige Wahrheit:

"Geld ist die Belohnung für die Dienste, die du leistest."

- **Lösung:** Du kannst die Mangel-Mentalität nur durch persönliche Weiterentwicklung überwinden. Diese ist tatsächlich ein Grundpfeiler des Erfolgs und wird dich während deiner gesamten Network-Marketing-Karriere begleiten. Wenn du neu in diese Branche einsteigst, sind deine Fähigkeiten und deine Denkweise möglicherweise noch auf Null – sie existieren vielleicht noch gar nicht. Doch sobald du deine ersten Fähigkeiten entwickelst und lernst, deine ersten Kundinnen zu gewinnen, steigt dein persönliches Entwicklungslevel auf Eins. Daraufhin folgt dein Geschäft und wächst ebenfalls auf Level Eins. Wenn du die nächste Fähigkeit meisterst, steigt dein persönliches Entwicklungslevel auf Zwei, und dein Geschäft zieht nach. Dies folgt einem klaren Muster: **Solange du dich persönlich weiterentwickelst, wird auch dein Geschäft wachsen**. Ab einem bestimmten Punkt deiner persönlichen Entwicklung wirst du das Mangel-Denken ablegen und stattdessen ein Fülle-Denken annehmen.

Egal, ob du gerade eine der häufigsten Herausforderungen durchmachst oder vor einer ganz persönlichen Schwierigkeit stehst – vergiss nie, um Hilfe zu bitten. Es gibt keine dummen Fragen. In dieser Phase deiner Reise solltest du dich auf deine Upline verlassen und jederzeit auf die Unterstützung deiner Sponsorin zurückgreifen, wenn du Hilfe brauchst.

Vertiefe dein Wissen

Um das, was ich in diesem Kapitel mit dir geteilt habe, noch weiter zu vertiefen, empfehle ich dir, dir die folgenden Videos (auf Englisch) anzusehen

1. Ein 30-Tage-Game-Plan, der dein Network Marketing Geschäft tatsächlich wachsen lässt

2. Wie du die 3 größten Herausforderungen beim Rekrutieren löst, die deinen Erfolg sabotieren.

3. Der größte Recruitingfehler, der jede Network Marketerin zurückhält (und wie du ihn vermeidest)

KAPITEL DREI

DIE STUFE DER SCHÜLERIN

Sobald du in der Stufe des Kleinkinds in deinem Geschäft eine gewisse Stabilität gefunden und deine ersten Kundinnen und vielleicht sogar deine ersten Vertriebspartnerinnen gewonnen hast, erreichst du die nächste Stufe: die Stufe der Schülerin.

Beim Ausbau deiner Fähigkeiten und deiner Unabhängigkeit im Network Marketing, beginnst du Fortschritte zu machen, indem du dich konsequent weiterbildest und an deiner Vision festhältst. Du lernst das Geschäft und seine Systeme kennen und beginnst, gezielte Fragen zu stellen, die auf deine persönliche Entwicklung und dein Wachstum ausgerichtet sind. Dies ist die Stufe, bei der dein Selbstvertrauen wächst, weil du dein Wissen praktisch anwenden kannst und erste Erfolge siehst.

In dieser Phase solltest du auch viel Zeit mit deinem Team und mit gleichgesinnten Menschen verbringen, die dich in herausfordernden und aufregenden Zeiten unterstützen. Du genießt es, in einem positiven Umfeld zu sein, in dem Wachstum und persönliche Entwicklung geschätzt und gefördert werden.

In diesem Kapitel wirst du lernen, wie du Unabhängigkeit im Aufbau deines Geschäfts erlangst, indem du die Grundlagen meisterst und ein positives Mindset-Umfeld schaffst. Denn dieser Denkweisen-Wandel wird das Fundament für dein weiteres Wachstum legen.

Die Grundlagen meistern

Am Ende dieses Kapitels wirst du die Grundlagen des Network Marketings gemeistert haben. Es ist, als würdest du zur Schule gehen – doch anders als in traditionellen Schulen hängt deine Weiterbildung im Network Marketing vollständig von dir selbst ab. Niemand wird dir jemals sagen, dass du ein bestimmtes Buch bis morgen lesen oder bis nächste Woche eine Trainingsvideo ansehen musst. Es hängt von deiner Lernkurve ab, wie lange du noch vollständig von deiner Sponsorin oder deiner Upline abhängig bist.

Während es am Anfang entscheidend ist, sich auf deine Upline zu verlassen, ist es ebenso wichtig, so schnell wie möglich unabhängig zu werden. Je länger du auf deine Upline angewiesen bist, desto langsamer wird dein Geschäft wachsen. Wirkliches Wachstum beginnt, wenn du die volle Verantwortung übernimmst und dein Geschäft in deinem eigenen Tempo aufbaust. Dies ist der Moment, in dem dein Business wirklich aufblüht – weil du die Kontrolle über Geschwindigkeit und Richtung übernimmst.

Der wichtigste Rat, den ich dir geben kann: Werde so schnell wie möglich so unabhängig wie möglich! Wenn du deine Meetings selbst in die Hand nimmst, musst du nicht mehr auf deine Upline warten. Wenn du für dein Team zum Third-Party-Tool, also zur "dritten Person" wirst (was ich später noch erklären werde), musst du nicht darauf warten, dass jemand anderes Zeit hat, eine Präsentation für dich zu halten. Kurz gesagt: Je schneller du unabhängig wirst, desto schneller wird dein Geschäft wachsen.

Eine Sache, die ich in dieser Stufe häufig beobachte, ist **die Tendenz, die Geschäftsmöglichkeit übertrieben anzupreisen.** Gerade zu Beginn, betrachten Vertriebspartnerinnen jede neue Partnerin als unverzichtbar und neigen dazu den Geschäftsaufbau leichter darzustellen, als er ist. Dabei machen sie Versprechungen, die nicht gehalten werden können. So starten neue Vertriebspartnerinnen oft mit falschen Hoffnungen. Sie glauben, eine einfache Lösung gefunden zu haben, die ihr Leben verändern und die Lücke zwischen ihrem jetzigen und ihrem Wunschleben schließen kann.

Doch wenn die Geschäftsmöglichkeit zu stark angepriesen wird und Versprechungen nicht eingehalten werden, verlieren neuen Partnerinnen schnell den Glauben. Ein Beispiel: Wenn ich dir sage, dass etwas ein "Selbstläufer" ist, würdest du davon ausgehen, dass es kaum Einsatz erfordert. Doch wenn du nach drei Wochen erkennst, dass es doch Einsatz und Fleiß benötigt, wärst du frustriert – über die Situation, die Branche und über mich. Das Vertrauen, das du mir anfangs geschenkt hattest, wäre verloren, weil die Realität nicht mit dem Versprochenen übereinstimmt. Genau deshalb ist es so wichtig, sich bewusst zu sein, wie man kommuniziert und von falschen Versprechungen Abstand zu nehmen. Sie erzeugen zwar Begeisterung – aber unerfüllte Versprechungen führen zu Enttäuschung.

Was hat das mit Unabhängigkeit zu tun? Der entscheidende Punkt ist: Auch in der frühen Phase, wenn du beginnst, in deinem eigenen Tempo und nach deinen eigenen Regeln zu arbeiten, bleibt es essenziell, deine **Integrität zu bewahren**. Ich bin fest davon überzeugt, dass Network Marketing eine außergewöhnliche Chance bietet, das Leben der Menschen zu verbessern. Und genau deshalb muss es nicht über allen Maßen angepriesen werden – denn die Wahrheit allein ist bereits gut genug.

Dies ist eine Branche, die inneren Antrieb, Selbstbestimmung und den Wunsch nach Fortschritt erfordert. Manche Menschen starten und tun nichts. Manche versprechen, zu starten, und tun es nicht. Manche tun nur ein wenig. Und manche bauen riesige Organisationen auf...

In den frühen Phasen meiner Karriere war ich so motiviert, anderen zu helfen, dass ich sogar begann, Organisationen für meine Partnerinnen und Vertriebspartnerinnen aufzubauen. Doch mit der Zeit erkannte ich, dass es nicht nachhaltig ist, alles selbst zu tun.

Ich verteilte meine Energie auf zu viele Aufgaben und riskierte Burnout.

Die wichtigste Lektion, die ich aus dieser Erfahrung gelernt habe, ist, dass du Menschen nicht motivieren kannst, indem du ihre Arbeit für sie erledigst. Echte Motivation muss von innen kommen. Du kannst dein Team anleiten, unterstützen und mit ihm zusammenarbeiten, aber sie müssen zunächst ihre eigene innere Motivation mitbringen. Letztendlich kannst du Menschen nicht dazu inspirieren, aktiv zu werden, indem du ihre Verantwortung für sie übernimmst. Kurz gesagt: "Du kannst ein Pferd zum Wasser führen, aber trinken muss es selbst."

Im Network Marketing gibt es ein Prinzip, das ich für unabdinglich halte, um langfristigen Erfolg zu sichern. Um deine Bemühungen wirklich aufblühen zu lassen, musst du das **Prinzip der Duplikation** meistern. Stell dir vor, es schließen sich drei ebenso leidenschaftliche Menschen deinem Team an. Allein kannst du nur begrenzte Erfolge erzielen. Doch mit drei weiteren Partnerinnen wächst deine Reichweite nicht nur – sie vervielfacht sich. Wenn diese Teammitglieder dasselbe tun, erreichen sie in derselben Zeit neun neue Menschen. Das ist die Kraft der Duplikation, und sie kann dein Network-Marketing-Geschäft auf ein völlig neues Niveau heben.

Die vier Levels der Duplikation

Doch wahre Duplikation passiert nicht zufällig. Sie erfordert eine klare Strategie. Um eine sich selbst tragende Struktur zu erschaffen, die auch ohne deine ständige Anwesenheit wächst, musst du die vier Levels der Duplikation verstehen und beherrschen. Sobald du dieses Konzept gemeistert hast, bist du nicht nur unabhängiger, sondern du baust ein Business auf, das nachhaltig und langfristig wächst.

LEVEL 1: LERNE ZU SPONSERN

		DU	TOM	ANNA	KLAUS
LEVEL 4	Du hast dich dupliziert				
LEVEL 3	Lehre zu lehren				
LEVEL 2	Lehre zu sponsern				
LEVEL 1	Lerne zu sponsern				

Du hast beschlossen, mit einem Network-Marketing-Unternehmen zusammen zu arbeiten und bist nun auf Level 1. Auf diesem Level konzentrierst du dich auf die vier Basisfähigkeiten, die du brauchst, um deine ersten Kundinnen und Vertriebspartnerinnen zu gewinnen. Wenn du diese Fähigkeiten anwendest, wirst du früher oder später deinen ersten Teampartner, Tom, sponsern. Damit gehst du zu **Level 2** über.

Auf Level 1 geht es darum, zuerst zu lernen, Kundinnen zu gewinnen, bevor du dich darauf konzentrierst, Vertriebspartnerinnen zu sponsern.

Der Schlüssel zum Erfolg liegt darin, **vier grundlegenden Fähigkeiten – die vier Basisfähigkeiten -** zu meistern:

1. **Erstellen einer Kontaktliste**
2. **Einladen von Interessentinnen**
3. **Nutzung eines Third-Party-Tools**
4. **Nachfassen und Abschließen**

Diese Fähigkeiten sind entscheidend, um sowohl Kundinnen als auch Vertriebspartnerinnen zu gewinnen und eine stabile Geschäftsgrundlage zu schaffen, auf der du weiter aufbauen kannst. Vielleicht fragt sich die eine oder andere Leserin: "Warum zuerst Kundinnen?" Die Antwort ist einfach: Jedes Unternehmen auf der Welt braucht Kundinnen, die ein Produkt kaufen oder eine Dienstleistung in Anspruch nehmen. Ohne Kundinnen ist jedes Geschäft schnell am Ende. Wenn du dich zuerst auf Kundinnen konzentrierst, schaffst du eine stabile und nachhaltige Grundlage für langfristigen Erfolg.

1. Eine Kontaktliste erstellen

Du musst alle potenziellen Interessentinnen aus deinem Kopf, deinem Handy, deinen sozialen Medien – egal, wo sie sich befinden – auf ein Blatt

Papier bringen. So kannst du dein volles Potenzial direkt vor dir sehen.

Wenn Menschen mit Network Marketing beginnen, haben sie oft nur einige wenige Namen im Kopf oder vier bis fünf Kontakte aus ihren sozialen Medien, denen sie das Produkt oder die Geschäftsmöglichkeit vorstellen möchten. Wenn sie von diesen Personen ein Nein hören, glauben sie, dass es das Ende der Reise ist. Sie haben das Gefühl, dass sie mit allen Menschen, die sie kennen, gesprochen haben und dass niemand interessiert ist. Aber das ist nicht die Wahrheit – und genau deshalb ist die Kontaktliste so wichtig.

Mit einer umfassenden Kontaktliste, in der du alle Menschen notiert hast, die du kennst (und die dich kennen), kannst du dein volles Potenzial erkennen. Und dieses Potenzial wächst mit jeder neuen Person, die du kennenlernst. Sobald du alle Kontakte aufgeschrieben hast (und das kann einige Stunden dauern), empfehle ich dir, fünfzehn Kontakte als potenzielle Kundinnen und fünfzehn Kontakte für dein Geschäft zu priorisieren. Für jeden Namen, den du priorisierst, solltest du unbedingt notieren: Warum hast du diese Person als eine deiner Top-Kontakte ausgewählt? Wie kann dein Produkt, deine Dienstleistung oder dein Geschäft das Leben dieser Person verbessern? Durch das Erstellen und ständige Erweitern deiner Kontaktliste erkennst du die Größe deines Netzwerks und durch die

Priorisierung entwickelst du einen starken Gesprächseinstieg, der mit potenziellen Interessentinnen in Resonanz geht und sie als Kundinnen und Vertriebspartnerinnen gewinnt.

Um dich bei der Erstellung deiner Kontaktliste zu unterstützen, findest du auf meiner Website www.NetworkMarketing-Mastery.com einen **Memory Jogger**, der dir hilft, dein volles Kontaktpotenzial zu entdecken.

2. Interessentinnen einladen (Die Kunst des Einladens)

Die meisten Menschen, die mit Network Marketing beginnen, sprechen voller Begeisterung mit jeder, die sie treffen, über ihr Produkt, ihre Dienstleistung oder ihr Geschäft – ohne die nötigen Fähigkeiten zu haben. Das führt oft dazu, dass sie: Menschen überfordern, ihre Beziehungen belasten und manchmal sogar potenzielle Kontakte “verbrennen“. Deshalb ist das Aussprechen einer persönlichen Einladung einer der wichtigsten Schritte in den ersten Phasen des Network Marketings.

Die folgende **Strategie, die aus vier Schritten besteht,** hat mir und vielen meiner Vertriebspartnerinnen geholfen, die Kunst des Einladens Einladung zu beherrschen.

Die Schritte dieser Strategie lassen sich immer wieder anwenden und bieten die höchste Erfolgschance. Ich persönlich glaube nicht an vorgefertigte Gesprächs-Leitfäden. Viele Network-Marketing-Unternehmen stellen Skripte zur Verfügung, die vorgeben, welchen Satz du wann sagen sollst, um jemanden für deine

Geschäftsmöglichkeit zu begeistern. Ich bin kein Fan dieser Methode. Stattdessen glaube ich an **zwei einfache Einladungs-Konzepte**, die mir und tausenden anderen Vertriebspartnerinnen in meiner Organisation geholfen haben, Menschen erfolgreich auf Produkte oder die Geschäftsmöglichkeit einzuladen.

Die direkte Einladung

Wie bereits zuvor erwähnt, möchte ich hier näher auf die Vorteile der direkten Einladung eingehen und erläutern, wann sie sinnvoll eingesetzt wird. Die direkte Einladung funktioniert nahezu ausschließlich bei heißen Kontakten. Warum?

Für eine direkte Einladung braucht es weder ausgefeilte rhetorische Fähigkeiten noch eine Strategie. Du musst auch nicht zwingend die Bedürfnisse der anderen Person im Detail kennen. Die Grundvoraussetzung ist ein starkes Vertrauensverhältnis, das eine klare und offene Kommunikation ermöglicht. Hier einige Beispiele, um ein Gefühl dafür zu bekommen, wie eine direkte Einladung klingen kann.

Beispiel 1 – Bruder (Peter):

“Peter, du bist mein Bruder und mir unglaublich wichtig. Deshalb möchte ich, dass du dieses Produkt bzw. diesen Service für dich nutzt, um deine Lebensqualität zu verbessern.“

Beispiel 2 – Beste Freundin (Maria):

“Maria, du bist meine beste Freundin. Ich weiß nicht, ob es für dich das Richtige ist, aber ich möchte, dass du dir 30 Minuten Zeit nimmst, um dir die Geschäftsmöglichkeit, mit der ich gestartet bin, genauer anzuschauen.“

Beispiel 3 – gute Arbeitskollegin (Anna):

“Hey Anna, es macht mir große Freude mit dir zusammenzuarbeiten. Deshalb wünsche ich mir, dass du dir 30 Minuten Zeit nimmst, um dir die Geschäftsmöglichkeit anzusehen, mit der ich gerade begonnen habe, meine Zukunft zu gestalten. Ich weiß nicht, ob es das Richtige für dich ist, aber es ist mir wichtig, dass du diese Präsentation zumindest einmal gesehen hast.“

All diese Varianten sind bewusst klar und direkt – ohne Umschweife und ohne “Samthandschuhe“. Genau das ist der Vorteil der direkten Ansprache im heißen Markt.

Die indirekte Einladung

Die indirekte Einladung eignet sich für warme Kontakte, man kennt also die Bedürfnisse seines Gegenübers. Dieses simple aber kraftvolle Konzept der indirekten Einladung besteht aus vier Phasen:

1. **Das Problem, die Herausforderung oder die Vision ansprechen** und bestätigen lassen.
2. **Das Third-Party-Tool einführen:** Erzähle, dass dir jemand etwas Wertvolles gezeigt hat.
3. **Deinen persönlichen Nutzen teilen:** Erkläre, wie es dir oder anderen geholfen hat, dasselbe Problem zu lösen.
4. **Die Einladung aussprechen:** Frage die Person, ob sie interessiert wäre, wenn du es ihr zeigen würdest.

Zusammengefasst:

“Du hast mir von einem Problem erzählt. Ist das immer noch so? (1)

Jemand hat mir etwas gezeigt, das dasselbe Problem gelöst hat (2&3).

“Wenn ich dir eine Information schicke, würdest du sie dir anschauen?“ (4)
“Wenn ich dir ein Ticket zum kommenden Event besorge, würdest du mit mir hingehen?“ (4)

Dieses Konzept ist äußerst flexibel und kann in fast jeder Situation angewendet werden.

Schauen wir uns ein paar Beispiele an:

Beispiel 1 (Produkt): Angenommen, du vertreibst im Network-Marketing Gesundheitsprodukte. Dein Freund Tom erwähnt, dass er tagsüber oft müde und energielos ist. Du könntest daraufhin sagen:

1) Hey Tom, ich erinnere mich, dass du mal erwähnt hast, Schwierigkeiten beim Schlafen zu haben. Ist das immer noch der Fall?

2&3) Ich habe angefangen mit einem Produkt zu arbeiten, welches vielen Menschen geholfen hat, ihren Schlaf zu verbessern.

4) Wenn ich dir eine Information dazu schicke, würdest du sie dir ansehen?“

Tom würde wahrscheinlich positiv reagieren und sich die Information schicken lassen.

Beispiel 2 (Geschäftsmöglichkeit): Stell dir vor, Sandra hat mit dir darüber gesprochen, dass sie in ihrem Job unterfordert ist und keine Aufstiegsmöglichkeiten hat. Du könntest das Konzept der indirekten Einladung folgendermaßen anwenden:

1) "Hi Sandra, als wir uns das letzte Mal getroffen haben, hast du mir erzählt, dass du in deinem Job ziemlich gelangweilt bist. Ist das immer noch so?

2&3) Ein Freund von mir hat mir eine Geschäftsmöglichkeit vorgestellt, die vielen Menschen geholfen hat, ihr eigenes Unternehmen zu gründen und ihr Leben nach ihren eigenen Vorstellungen zu gestalten.

4) Nächste Woche ist eine der erfolgreichsten Partnerinnen in diesem Geschäft in der Stadt. Wenn ich dich zu einem einstündigen Gespräch mit ihr einladen würde, würdest du dir Zeit nehmen?"

Auch hier wäre Sandra vermutlich interessiert, weil du eine aktuelle Herausforderung in ihrem Leben ansprichst.

Die Einfachheit dieses Konzepts liegt in seiner Effektivität. Es dauert nur ein bis zwei Minuten, und du bekommst fast immer ein "Ja", weil du einfach eine mögliche Lösung für das Problem deines Gegenübers anbietest.

Wenn du aktiv zuhörst und jeder potenziellen Kundin oder Partnerin deine persönliche Aufmerksamkeit schenkst, erkennst du schnell, wie du ihr Problem lösen kannst. Anschließend kannst du sie mit deiner Upline verbinden oder ihr ein Third-Party-Tool zukommen lassen, damit sie sich weiter über dein Produkt, deine Dienstleistung oder deine Geschäftsmöglichkeit informieren kann.

3. Nutzung von Third-Party-Tools

Diese Strategie habe ich selbst gelernt, umgesetzt und in meinem Team etabliert - und sie hat unzähligen Menschen in den ersten Phasen des Network Marketings zum Erfolg verholfen.

Was ist ein "Third-Party-Tool"?

Ein Third-Party-Tool ist alles, was dir hilft, relevante Informationen über dein Produkt, deine Dienstleistung oder dein Geschäft an deine Interessentinnen weiterzugeben, ohne dass du selbst es erklären musst. Das kann ein Home-Event, ein Video, eine Broschüre, ein Link, ein persönliches Gespräch (Zwei-zu-eins-Meeting), eine Präsentation oder auch ein größeres Meeting sein. Warum ist das so wichtig? Du bist nie die direkte Informationsquelle, sondern leitest die Informationen nur weiter, sodass deine Interessentin sich selbst eine Meinung bilden kann. Dadurch fühlt sie sich nicht unter Druck gesetzt, sondern kann frei und unabhängig eine Entscheidung treffen. Diese Methode hilft dir, professionell und effektiv zu arbeiten, ohne dich als aufdringliche Verkäuferin zu fühlen. Der größte Vorteil dieser Strategie ist, dass Menschen es nie persönlich nehmen. Du machst lediglich eine Empfehlung, die auf den Informationen basiert, die du im Gespräch erhalten hast.

Als ich begann, eine Organisation aufzubauen, war es mir wichtig, dass sich meine Teammitglieder sicher und selbstbewusst fühlten, wenn sie ein Produkt oder eine Geschäftsmöglichkeit anboten. Egal, wie das Gespräch ausgeht, die Beziehung zur angesprochenen Person sollte danach unverändert bleiben. Genau deshalb ist es so wichtig, Third-Party-Tools zu nutzen. Wenn du zu aufdringlich bist und stundenlang versuchst, das Produkt zu erklären, ohne über die nötigen Fähigkeiten zu verfügen – besonders am Anfang – kann das nach hinten losgehen. Menschen könnten anfangen, dich zu meiden oder nicht mehr auf deine Anrufe zu reagieren und genau das wollen wir vermeiden.

Mein Rat an dich: Erstelle eine Toolbox, aus der du für jede Interessentin das am besten geeignete Third-Party-Tool auswählen kannst.

Zum Beispiel könnte deine Toolbox Folgendes enthalten: Links zu Studien, die die Bedeutung deines Produkts untermauern; Broschüren, Bücher und Videos über dein Produkt, deine Dienstleistung, dein Geschäft oder über Network Marketing; Kontaktinformationen von Expertinnen, damit du die Menschen direkt mit den richtigen Ansprechpartnerinnen verbinden kannst. Diese Toolbox ist entscheidend – und du kannst sie im Laufe deiner Karriere kontinuierlich erweitern.

4. Das Nachfassen und der Abschluss

Die Fähigkeit des Nachfassens, auch Follow-up genannt, wird oft vernachlässigt. Viele Menschen sind gut darin, eine Kontaktliste zu erstellen, Beziehungen aufzubauen und potenzielle Interessentinnen mit Third-Party-Tools vertraut zu machen. Doch dann versäumen sie es, nachzufassen. Sie machen kurz vor dem letzten Schritt halt, wodurch viel Arbeit und Energie verloren gehen.

Wie fasst man professionell nach? Alles beginnt mit der "magischen Frage". Tatsächlich startet der Nachfassprozess nämlich schon, bevor das erste Gespräch beendet ist – egal, ob du ein Third-Party-Tool einsetzt, deine Upline im Sinne einer "dritten Person" für ein Zwei-zu-eins-Gespräch nutzt oder an einem Hotelmeeting teilnimmst.

Bist du in einem persönlichen Treffen, leitest du das Follow-up oder den Abschluss ein, indem du fragst: "Was möchtest du als Nächstes tun?" Ich werde das gleich näher erklären. Wenn du jedoch ein Third-Party-Tool, wie zum Beispiel ein Buch, einen Link, eine Broschüre oder ein Video, zur Verfügung stellst, solltest du immer einen klaren Zeitrahmen vorgeben.

Zum Beispiel: Wenn du ein Video weitergibst, könntest du sagen: “Dieses Video dauert etwa zehn Minuten. Wann hast du Zeit, es dir anzusehen?“ Sobald die Person zum Beispiel antwortet: “Ich schaue es mir heute Abend an“, folgt dein nächster Schritt: “Super! Wann ist die beste Zeit, dich morgen zu erreichen?“ Sagt die Person “Morgen früh.“, kannst du konkretisieren: “Wäre 10 Uhr eine gute Zeit für einen Anruf?“ Sobald ihr euch auf einen Zeitpunkt geeinigt habt, trägst du den Follow-up-Termin in deinen Kalender ein. Das Ziel ist es, immer von einem Termin zum nächsten zu kommen. Es geht nicht darum, sofort etwas zu verkaufen, sondern darum, im Nachfass-Prozess zu bleiben. Denke daran: Menschen brauchen in der Regel vier bis sechs Berührungspunkte mit einem Produkt, einer Dienstleistung oder einer Geschäftsmöglichkeit, bevor sie eine fundierte Entscheidung treffen. Sei also nicht entmutigt, wenn sich der Follow-up-Prozess über einen längeren Zeitraum erstreckt – das gehört dazu.

Irgendwann stellst du dann die “magische Frage“: “Was möchtest du als Nächstes tun?“

In meinen letzten zehn Jahren in der Branche habe ich festgestellt, dass diese Frage der wirkungsvollste Einstieg in den Abschlussprozess ist.

Sie ist einfach zu stellen und führt zu vier möglichen Antworten. Und jede davon kannst du zu deinem Vorteil nutzen.

Die erste Antwort ist besonders aufregend: “Ich möchte mit dir zusammenarbeiten. Ich bin bereit, loszulegen.“ Das wünschen wir uns natürlich alle! :-)

Die zweite mögliche Antwort ist ein klares “Nein.“ Vielleicht ist es der falsche Zeitpunkt, das falsche Unternehmen, oder das falsche Produkt. Das ist zwar nicht das Ergebnis, das du dir gewünscht hast, aber auch diese Antwort ist völlig in Ordnung!

Die dritte Antwort lautet: “Ich brauche mehr Informationen.“ Manche Interessentinnen möchten sich eingehender mit dem Unternehmen oder dem Produkt beschäftigen, bevor sie eine Entscheidung treffen. Auch das ist eine völlig akzeptable Antwort.

Die vierte Antwort ist: “Ich möchte darüber nachdenken.“

Wenn ich eine Präsentation für eine potenzielle Partnerin halte, stelle ich diese vier möglichen Antworten bereits zu Beginn des Gesprächs vor. Ich erkläre dabei, dass wir die vierte Antwort nicht verwenden werden. Warum? Weil wir eine offene und ehrliche Unterhaltung führen und “Ich möchte darüber nachdenken“ oft nur ein höfliches Nein mit einer hübschen Schleife drumherum ist.

Klarheit ist Kraft. Und mit dieser Klarheit kannst du direkt einen Follow-up-Termin vereinbaren – selbst dann, wenn der Interessent "Nein" sagt. Das Wichtigste ist, dass du den Kontakt nicht verlierst, sondern ihn weiterhin im Netzwerk behältst.

Mein erster Kontakt mit Network Marketing war tatsächlich schon im Jahr 2011. Während eines Frühstücks bei einem Seminar sprach ein Bekannter von mir fast eine ganze Stunde lang über ein Produkt und eine Geschäftsmöglichkeit. Doch zu diesem Zeitpunkt war ich weder an dem einen noch an dem anderen interessiert, und sagte "Nein".

Er hat sich danach nie wieder bei mir gemeldet, hat mich also nicht in der Follow-up-Schleife gehalten. Die Ironie an der Sache ist, dass er mich Jahre später, als ich schließlich genau bei diesem Unternehmen gestartet bin, an unser einstündiges Gespräch beim Frühstück erinnerte. Das Lustige daran? Ich konnte mich an kein einziges Wort erinnern, weil mein Fokus damals einfach woanders lag. Da er mich nicht in seinem Follow-up-Prozess hielt, sondern den Kontakt abbrach, startet ich mein Geschäft stattdessen bei jemand anderem.

Stell dir vor, er hätte mich weiterhin im Blick behalten. Er hätte heute Hundertausende Kundinnen in seinem Team. Genau deshalb solltest du **niemals einen Kontakt verlieren.**

Selbst wenn du ein klares Nein erhältst, kannst du trotzdem eine Tür offenlassen. Zum Beispiel mit einer einfachen Frage: "Ich verstehe deine Entscheidung vollkommen. Aber ich weiß, dass sich das Leben ändern kann. Wäre es für dich in Ordnung, wenn ich mich in einem Jahr noch einmal bei dir melde?" Was glaubst du, wie die Antwort darauf in den meisten Fällen ausfallen wird? Natürlich musst du meine Formulierungen nicht wortwörtlich übernehmen. Wichtig ist, du verstehst das Prinzip und setzt es auf deine eigene Art um!

LEVEL 2: LEHRE ZU SPONSERN

		DU	TOM	ANNA	KLAUS
LEVEL 4	Du hast dich dupliziert				
LEVEL 3	Lehre zu lehren				
LEVEL 2	Lehre zu sponsern				
LEVEL 1	Lerne zu sponsern				

Nachdem du deinen ersten Vertriebspartner, Tom, gesponsert hast, wechselst du zu Level 2: Du lehrst, wie man sponsert. Dein Fokus liegt nun darauf, Tom die vier Basisfähigkeiten des Network Marketings beizubringen, damit er seine ersten Kundinnen und Vertriebspartnerinnen gewinnen kann. Dadurch, dass Tom diese Fähigkeiten anwendet, gewinnt er seine ersten Kundinnen und seine erste Vertriebspartnerin, Anna. Dieser Erfolg führt dich zu **Level 3.**

Ein Beispiel aus der Praxis: Angenommen, nach euren Gesprächen entschließt sich Tom, seine eigene Network-Marketing-Reise zu starten, weshalb du ihn sponserst. Du bringst ihm die vier Basisfähigkeiten des Network Marketings bei, wodurch er seine ersten Kundinnen und seine erste Vertriebspartnerin, Anna, gewinnt. Damit baut er sein eigenes Netzwerk auf, während du gleichzeitig deine Reichweite vergrößerst.

LEVEL 3: LEHRE ZU LEHREN

		DU	TOM	ANNA	KLAUS
LEVEL 4	Du hast dich dupliziert				
LEVEL 3	Lehre zu lehren				
LEVEL 2	Lehre zu sponsern				
LEVEL 1	Lerne zu sponsern				

Da Tom nun seine erste Vertriebspartnerin Anna gesponsert hat, hast du Level 3 erreicht. Deine Aufgabe ist es, Tom dabei zu helfen, Anna die vier Basisfähigkeiten beizubringen, damit sie ihre ersten Kundinnen und Vertriebspartnerinnen gewinnen kann. Du unterstützt Tom dabei, Anna durch diesen Prozess zu begleiten. Als Resultat dessen wird Anna ihre ersten Kundinnen und ihren ersten Teampartner, Klaus, sponsern. Sobald Anna Klaus gesponsert hat, steigst du ins **Level 4** auf.

Einer der entscheidendsten Aspekte im Network Marketing ist der Duplikationsprozess – also anderen beizubringen, wie sie wiederum andere schulen. Viele Menschen scheitern hier, weil sie nicht die nötige Zeit und Geduld investieren, um Tom richtig zu zeigen, wie er die vier grundlegenden Fähigkeiten an Anna weitergibt.

Ein häufiger Fehler, den ich beobachte, ist, dass Menschen, anstatt darauf zu vertrauen, dass Tom Anna unterrichtet, direkt mit beiden arbeiten. Das führt dazu, dass sie sowohl Tom als auch Anna gleichzeitig schulen und am Ende zwei rotierende Teller balancieren müssen, anstatt nur einen. Wenn das passiert, kommt die Duplikation ins Stocken, und das Wachstum bleibt auf die Reichweite deines persönlichen Einflusses begrenzt.

Die Magie des Network Marketings liegt im Hebeleffekt – der Fähigkeit, deine Anstrengungen durch andere zu duplizieren. Wenn du weiterhin alles selbst erledigst, anstatt darauf zu vertrauen, dass dein Team Führung übernimmt, verpasst du die wahre Hebelwirkung und nachhaltiges Wachstum. Dem Prozess zu vertrauen bedeutet, andere zu befähigen, Verantwortung zu übernehmen, damit dein Geschäft über deine eigenen Anstrengungen hinauswachsen kann.

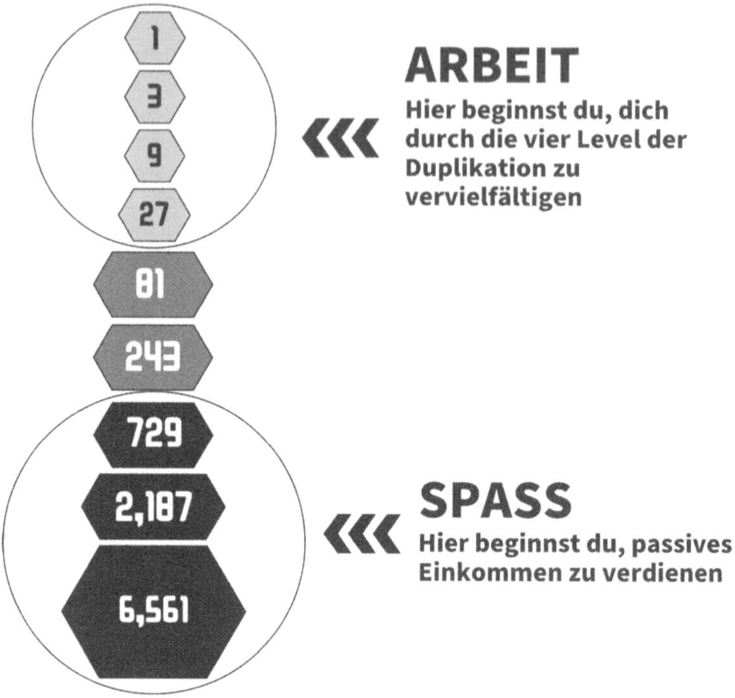

In meinen Live-Trainings demonstriere ich oft die Kraft der Duplikation mit einer einfachen Progression, wie sie in der oben erwähnten Grafik dargestellt ist. Dabei sponsert jede Person drei Vertriebspartnerinnen. Je schneller sich dieser Prozess wiederholt, desto schneller wächst das Netzwerk exponentiell. Mein Ziel ist es, dir zu zeigen, wo die eigentliche Arbeit stattfindet und wo der Spaß beginnt, nämlich beim Aufbau eines passiven Einkommens.

Die Duplikation verläuft in vier entscheidenden Levels: Level 1: Du triffst die Entscheidung, deine ersten drei Vertriebspartnerinnen zu sponsern. Level 2: Du bringst ihnen bei, wie sie selbst sponsern. Level

3: Du lehrst sie, dieses Wissen an ihre eigenen Partner weiterzugeben. Level 4: Dein Team ist nun vollständig dupliziert – und genau hier beginnt die Hebelwirkung zu greifen.

Es geht nicht darum, was einmal funktioniert;
es geht darum, was duplizierbar ist.

Doch der wirklich spannende Teil – das echte passive Einkommen – entsteht erst tiefer im Prozess. Du wirst diesen Punkt niemals erreichen, wenn du in den ersten vier Levels keine qualitativ hochwertige Arbeit leistest. Wenn du dich nicht effektiv duplizieren kannst, wird dein Geschäft nur so weit wachsen, wie dein direkter Einfluss reicht.

Genau hier scheitern die meisten. Anstatt ein echtes Geschäft mit Hebelwirkung aufzubauen, schaffen sie sich nur einen Job mehr. Deshalb sind Geduld und eine gründliche Duplikation entscheidend, um den Übergang von harter Arbeit zu nachhaltigen Erfolgen zu schaffen.

LEVEL 4: DU HAST DICH DUPLIZIERT

		DU	TOM	ANNA	KLAUS
LEVEL 4	Du hast dich dupliziert				
LEVEL 3	Lehre zu lehren				
LEVEL 2	Lehre zu sponsern				
LEVEL 1	Lerne zu sponsern				

Nun hast du **Level 4** erreicht und deine Team Struktur sieht so aus: Klaus, das neueste Mitglied im Team, ist auf Level 1 und lernt gerade, wie man sponsert. Anna, die auf Level 2 ist, lehrt Klaus anhand der vier Basisfähigkeiten, wie man Kundinnen gewinnt und Geschäftspartnerinnen sponsert. Tom unterstützt auf Level 3 Anna dabei, Klaus zu schulen. Für dich bleibt nichts mehr zu tun.

Auf Level 4 ist deine Rolle minimal, weil Tom nun alles selbst meistert, um das Geschäft eigenständig zu führen. Das ist der Moment, in dem du dein Team zum ersten Mal erfolgreich dupliziert hast.

Jetzt kannst du deinen Fokus auf deine nächste Partnerin richten und sie durch denselben Prozess führen. Schritt für Schritt begleitest du sie durch die vier Levels der Duplikation. Mit der Zeit wirst du nicht nur ein, sondern gleich mehrere Teams haben – ein zweites, drittes, viertes u.v.m., die alle unabhängig von dir erfolgreich arbeiten können.

Herzlichen Glückwunsch – du hast dein Team erfolgreich dupliziert!

"DUPLIKATION IST DIE MAGIE IM NETWORK MARKETING."

Das Verständnis der Vier Levels der Duplikation ist einer der wichtigsten Schritte, um ein erfolgreiches Network-Marketing-Geschäft aufzubauen, das ein nachhaltiges passives Einkommen generiert. Da dieser Prozess so entscheidend ist, empfehle ich dir dringend: Sieh dir das begleitende YouTube-Video (auf Englisch) an und lies dieses Kapitel so oft wie nötig, bis du den gesamten Prozess vollständig verstanden hast. Sobald du das Konzept verinnerlicht hast, bist du bereit, deine Reise fortzusetzen.

Video auf Englisch: Die Geheimnisse der Duplikation im Network-Marketing, die mehr Geld einbringen, als die meisten sich vorstellen können

Ein Umfeld für Erfolg

Wenn du in deiner Network-Marketing-Reise erstes Momentum aufbaust, kann es passieren, dass du dich gelegentlich überfordert fühlst. Dieses Gefühl kann aus ganz unterschiedlichen Gründen entstehen, doch genau hier zeigt sich die Stärke der Community und des Umfelds im Network Marketing. Einer der wertvollsten Aspekte dieser Branche ist das Netzwerk erfahrener Führungskräfte, die den Weg bereits gegangen sind. Sie haben eine Gemeinschaft Gleichgesinnter geschaffen, die bereit sind, sich gegenseitig zu unterstützen. Es fühlt sich an wie in der Schule, wo die gemeinsame Energie und Dynamik zwischen dir und deinen Freundinnen dich immer weiter antreibt. Diese Verbindungen sind nicht nur eine starke Motivationsquelle, sondern können auch zu lebenslangen Freundschaften führen.

Diese Community fördert eine Atmosphäre voller Begeisterung und gegenseitiger Ermutigung. Doch außerhalb des Network Marketings sieht die Welt oft ganz anders aus. Unsere Gesellschaft gleicht manchmal einer Krabbenfalle.

Wenn Krabben in eine Falle klettern, um Futter zu finden, bleiben sie selbst dann darin, wenn das Futter längst weg ist und die Falle offensteht. Versucht eine Krabbe, zu entkommen, ziehen die anderen sie wieder zurück und verhindern ihre Flucht. Das spiegelt wider, wie unsere Gesellschaft häufig funktioniert: Die Menschen um dich herum – selbst wenn sie es gut meinen – könnten dich davon abhalten, dein volles Potenzial zu entfalten. Sie glauben vielleicht, dass sie dich schützen, weil sie denken, zu wissen, was das Beste für dich ist. Doch in Wirklichkeit verstehen sie nicht die Möglichkeiten, die dir offenstehen, besonders nicht im Network Marketing.

Manchmal erinnern sich diejenigen, die dich ausbremsen, unbewusst an ihre eigene Angst, ihre Komfortzone zu verlassen. Wenn du dein Leben selbst in die Hand nimmst und Erfolg anstrebst, forderst du andere indirekt dazu auf, es dir gleichzutun. Doch nicht jede ist bereit dafür. Für viele ist es einfacher, dich zurückzuhalten, als sich ihren eigenen Ängsten und Einschränkungen zu stellen. Zum Glück bietet Network Marketing eine ganz andere Art von Umgebung. Hier basiert die Gemeinschaft auf Unterstützung. Du wirst eine Gruppe von Menschen finden, die dich ermutigen und anfeuern, ganz gleich, wo sie selbst auf ihrem Weg stehen. Das ist die Macht eines positiven Umfelds: Du bist von Menschen umgeben, die dich inspirieren, die dir helfen, deinen eigenen Erfolg zu finden und dich anhalten, deine Ziele zu verfolgen. Genau diese unterstützende Umgebung zieht so viele Menschen ins Network Marketing und sorgt dafür, dass sie auch lange nach ihrem Einstieg mit Freude dabeibleiben.

Die Vorteile dieses Umfelds sind enorm, besonders weil Erfolg kein geradliniger Weg ist. Der Weg ist geprägt von Höhen und Tiefen, von Erfolgen und Rückschlägen. Im Network Marketing gibt es ein Sprichwort: “Manchmal brauchst du das Meeting, und manchmal braucht das Meeting dich.“ Nach einem anstrengenden Tag kann die positive Energie eines Meetings, ob vor Ort oder online, dich wieder aufrichten, dir neue Kraft geben und dir helfen, wieder auf Kurs zu kommen. Bist du hingegen selbst voller Energie und Motivation, kann deine Präsenz andere dazu inspirieren, aktiv zu werden und voranzukommen.

In der Stufe der Schülerin wächst du, indem du Bücher liest, YouTube-Videos anschaust, Podcasts hörst oder an Veranstaltungen teilnimmst. So erweiterst du dein Wissen und stärkst damit dein Selbstvertrauen.

Jede dieser Aktivitäten bringt dich deinem Erfolg einen Schritt näher.

Die Kraft von Events

In der Network-Marketing-Community gibt es ein Geheimnis, das dir hilft, sowohl dein Wissen als auch dein Netzwerk auszubauen: **Events**. Diese Veranstaltungen lassen sich mit der Schule vergleichen. So wie Schülerinnen es genießen, ihre Freundinnen zu treffen, schätzen Network Marketer die Gesellschaft Gleichgesinnter. Die Teilnahme an Network-Marketing-Events bringt dich mit einem positiven Umfeld in Kontakt, das deinen Erfolg befeuert, und dir gleichzeitig hilft, neue Fähigkeiten zu erlernen und weiterzuentwickeln, genau wie in der Schule. Doch erstaunlicherweise werden diese Events oft unterschätzt – selbst von Menschen innerhalb der Branche. Dabei liegt in ihnen eine unglaubliche Kraft.

Als ich im Network Marketing begann, dachte ich ebenfalls, dass es keinen Grund für mich gäbe, an solchen Events teilzunehmen. Mein Ego war damals noch riesig, und ich war sehr skeptisch. Ich war der Meinung, niemanden zu brauchen und das Geschäft ganz allein aufbauen zu können. Schließlich überzeugte mich jemand aus meiner Upline: Sie schenkte mir zwei Tickets für eine der großen Firmenveranstaltungen. Ich muss jedoch zugeben, dass ich kurz davor war, die Veranstaltung frühzeitig zu verlassen.

Doch dann betrat jemand die Bühne – ein junger Mann. Er begann, über seine eigene Reise zu sprechen und von seiner persönlichen Entwicklung zu erzählen: von dem Punkt aus, an dem er gestartet war, bis zu dem, wo er heute stand. Er beschrieb, wie ihm Network Marketing geholfen hatte, als Mensch zu wachsen – mehr zu sein, mehr zu tun, mehr zu geben – und wie diese Haltung ihm geholfen hat, sein Geschäft auszubauen.

Die Rede dieses jungen Mannes veränderte meine Sichtweise komplett. Plötzlich erkannte ich das große Ganze und den wahren Wert dieses Events und entschied mich, zu bleiben. **Diese eine Rede gab meiner Network-Marketing-Karriere eine völlig neue Richtung.** Mein Ego wurde immer kleiner, und ich begann, die Verbindungen und Beziehungen, die ich während der Veranstaltung knüpfte, wirklich zu schätzen. Am Ende des Events fasste ich den verbindlichen Entschluss, von den Erfahrungen anderer zu lernen, langfristig dranzubleiben und Network-Marketing-Expertise auf höchstem Niveau zu erreichen – Network Marketing Mastery. Diese Erfahrung war für mich ein Moment der Demut und sie war sehr eindrucksvoll.

Jede Veranstaltung, ob kleines Home-Event, regionales Treffen, Hotel-Veranstaltung oder große Convention, bringt Menschen mit unterschiedlichen Erfahrungen zusammen und bietet allen Anwesenden wertvolle Erkenntnisse.

Deshalb sind Events eine wunderbare Möglichkeit, Teil eines positiven Umfelds zu werden und mit gleichgesinnten, leidenschaftlichen Menschen in Kontakt zu treten. Auch nach zehn Jahren Erfahrung im Network Marketing **nehme ich immer noch an jedem Event teil**, das ich besuchen kann. Vielleicht denkst du: "Nach all den Jahren weiß er doch längst alles." Doch tatsächlich gibt es bei jedem Event diese eine Sprecherin oder diesen einen Satz, der mich die Dinge aus einer neuen Perspektive sehen lässt und meinem Leben und Geschäft eine neue Richtung gibt.

Die COVID-19-Pandemie (2020–2022) brachte für Network Marketing unerwartete Chancen. Da die Welt im Lockdown war, erlebten **Online-Events** einen enormen Aufschwung. Plötzlich war es einfacher denn je, Veranstaltungen zu organisieren und durchzuführen. Diese neue Flexibilität ermöglichte es Menschen aus der ganzen Welt, jederzeit an Events teilzunehmen, ganz ohne geografische oder zeitliche Einschränkungen. Aus dieser herausfordernden Situation entstand ein großer Vorteil: Das Geschäft wuchs schneller, da mehr Menschen sich vernetzen, lernen und teilnehmen konnten – ohne die Hürden physischer Events.

Heutzutage halte ich die meisten meiner Trainings online, weil es einfacher zugänglich und flexibler ist. Doch es gibt etwas, das Online-Events nicht einfangen können, wenn man sie mit Live-Veranstaltungen vergleicht. Das Gefühl und **die Emotion**, bei einer Live-Veranstaltung dabei zu sein, **kann durch nichts ersetzt werden**. Wenn du die Begeisterung spürst, die Erfolgsgeschichten hörst und die Menschen live im Raum siehst, wirst du inspiriert. Und mit deiner Anwesenheit inspirierst du andere.

Mein Rat an dich: Nimm an so vielen Events wie möglich teil! Diese Veranstaltungen sind wie eine Zeitmaschine: Sie ermöglichen dir, deine Lernkurve zu verkürzen, wertvolle Kontakte zu knüpfen und Teil einer großartigen Community leidenschaftlicher Menschen zu werden.

Vertiefe dein Wissen

Um das, was ich in diesem Kapitel mit dir geteilt habe, weiter zu vertiefen, empfehle ich dir, dir die folgenden Videos (auf Englisch) anzusehen:

1. Den Einladungsprozess im Network Marketing meistern (Geschäftsmöglichkeit)

2. Warum Network-Marketing-Events eine verborgene Goldmine sind

KAPITEL VIER

DIE STUFE DES TEENAGERS

Die Stufe des Teenagers im Network Marketing ist ein entscheidender Wendepunkt, aber auch eine Stufe voller potenzieller Fallstricke.

In diesem Stadium nimmt dein Geschäft an Fahrt auf: Du hast dir wichtige Fähigkeiten angeeignet, bereits einige Vertriebspartnerinnen gesponsert und trägst nun Verantwortung für dein Team und deine Kundinnen. Doch genau hier kann das Ego ins Spiel kommen und zu destruktivem Verhalten führen.

Ein häufiger Fehler in der Stufe des Teenagers ist es, in die Rolle einer Managerin zu verfallen. Das bedeutet: Du hast ein paar Vertriebspartnerinnen gesponsert und glaubst nun, dass sie die ganze Arbeit erledigen sollten, um dich erfolgreich zu machen. Du denkst, dass deine anfänglichen Bemühungen ausreichen und dass jetzt dein Team die Verantwortung trägt. Doch diese Management-Mentalität kann dein Wachstum massiv bremsen. Network Marketing bedeutet nicht, andere zu verwalten, sondern mit gutem Beispiel voranzugehen und die Duplikation weiter voranzutreiben. **Die zweite große Gefahr ist die Versuchung, neue Systeme aufzubauen.** Sobald sich erste Erfolge einstellen, bist du vielleicht versucht, eigene Systeme zu entwickeln. Du könntest denken, dass du es jetzt besser weißt als die erfahrenen Führungskräfte, die seit Jahren im Network Marketing tätig sind. Getrieben von dem Wunsch nach Bedeutsamkeit und Anerkennung, könntest du anfangen, eigene Systeme und Prozesse zu entwickeln, die sich um dich selbst drehen. Das Problem mit diesem Ansatz ist, dass er die Kraft der Duplikation stört – das Fundament des Erfolgs in dieser Branche. Wenn du das Rad neu erfindest, bremst du ungewollt sowohl dein eigenes Wachstum als auch das Wachstum deines Teams.

Diese beiden Fallstricke – sich wie eine Managerin zu verhalten und neue Systeme aufzubauen – können dich daran hindern, voranzukommen und dein volles Potenzial auszuschöpfen. Sie verlangsamen dein Geschäft, schwächen dein Team und verhindern die Duplikation.

Jede muss diese Phase durchlaufen – ähnlich wie die Pubertät. Doch die Dauer, die du in dieser Phase verbringst, entscheidet über deinen zukünftigen Erfolg. Je länger du dein Ego nährst, desto schwieriger wird es, dich davon zu lösen. Aber wenn du diese Verhaltensweisen erkennst und bewusst vermeidest, bereitest du dich auf die nächste Wachstumsphase vor: Die Stufe der Jungen-Erwachsenen oder die Stufe der Entscheidung, wo echte Führung und nachhaltiger Erfolg entstehen.

In diesem Kapitel werden wir untersuchen, wie du dein Ego in der Stufe des Teenagers im Griff behältst, denn hier ist es leicht, cool zu wirken und den Fokus zu verlieren. Stattdessen solltest du sicherstellen, dass du **dich auf Führung und Duplikation konzentrierst** – anstatt zu managen oder neue Systeme aufzubauen. Wenn du diesen Weg verfolgst, setzt du deine Reise zu langfristigem Erfolg im Network Marketing fort.

Von Managerin zu Leaderin

Eine der wichtigsten Entwicklungen im Network Marketing ist der Übergang vom Management zu echter Führung. Unsere Welt braucht mehr Leaderinnen und nicht mehr Managerinnen. Doch unsere Gesellschaft ist darauf ausgelegt, Manager(innen) zu erschaffen, nicht Führungskräfte. Wir wachsen in einem Umfeld auf, das auf Autorität und Kontrolle basiert. Wenn Menschen im Network Marketing ihr erstes Team aufbauen, besteht die Gefahr, dass sie in die Boss-Falle geraten: Sie sehen sich dann als Vorgesetzte und glauben, sie könnten allen anderen sagen, was sie zu tun haben.

Wenn du dich von der Stufe der Schülerin in die Stufe des Teenagers entwickelst, kann es passieren, dass deine ersten Erfolge dein Ego aufblähen. Weil du schon Ergebnisse erzielst, denkst du vielleicht, dass es nun an der Zeit sei, dein Team zu managen. Doch dieser häufige Denkfehler ist eine der größten Stolperfallen und verhindert dein Weiterkommen. Sobald du anfängst zu verwalten, statt zu führen, verharrst du in der Stufe des Teenagers und kannst das wahre Potenzial deines Geschäfts nicht entfalten.

Die wahre Magie im Network Marketing liegt in der Duplikation und Hebelwirkung. Doch wenn du dich nur auf deine Boss-Rolle konzentrierst, wirst du diese Möglichkeiten niemals wirklich erleben.

Diese Erkenntnis habe ich auf die harte Tour gelernt, als ich mit Network Marketing begann. Anfangs genoss ich es, die Schlüsselfigur zu sein – derjenige, der alle Präsentationen und Schulungen leitete. Es fühlte sich gut an, gebraucht zu werden. Doch mit der Zeit erkannte ich, dass dieser Ansatz nicht nachhaltig war: Mein gesamtes Geschäft hing allein von mir ab, was mein Wachstum begrenzte. Ich nutzte mein Team nicht effektiv, weil ich anderen nicht die Möglichkeit gab, Verantwortung zu übernehmen. Ich war ständig gestresst, da alles an mir hing.

Die Veränderung kam, als ich mein Ego zurückstellte und vom Manager zum Leader wurde. Ich begann, mein Team zu ermutigen, Verantwortung zu übernehmen und sich weiterzuentwickeln. Ich überließ ihnen mehr Aufgaben. Sie wurden unabhängiger und erfolgreicher und ihr Geschäft begann endlich richtig zu wachsen. Der Durchbruch kam, als ich aufhörte, der Boss sein zu wollen – und stattdessen ein echter Leader wurde.

- **Managerin versus Leaderin**

Echte Führung im Network Marketing bedeutet, andere zu inspirieren, damit sie wachsen und ihr volles Potenzial entfalten können. Eine Leaderin hilft ihren Teammitgliedern, ihre Fähigkeiten zu entwickeln –

durch tägliche Unterstützung und Ermutigung. Sie erkennt auch kleine Fortschritte an, denn diese bauen Momentum auf und motivieren das Team zu noch größerem Einsatz. Die kleinen Siege von heute sind die großen Erfolge von morgen.

Eine Managerin führt durch Autorität und Kontrolle. Sie beklagt sich oft darüber, dass ihr Team nicht gut genug arbeitet, aber hinterfragt selten, ob ihr eigenes Verhalten – oder ihr Mangel an echter Führung – das Problem verursacht. Managerinnen neigen dazu, Wissen zurückzuhalten, bewusst oder unbewusst. Sie bringen ihrem Team nicht die notwendigen Fähigkeiten bei, weil sie selbst im Mittelpunkt stehen wollen.

Eine echte Leaderin hingegen übernimmt volle Verantwortung für den Erfolg ihres Teams. Wenn das Team nicht gut performt, fragt sich die Leaderin:

"Was kann ich besser machen? Wie kann ich mein Team besser unterstützen, anleiten und trainieren?" Eine Leaderin teilt ihr Wissen und zeigt dem Team aktiv, wie es erfolgreich wird. **Führung bedeutet, andere aufzubauen** – nicht Kontrolle auszuüben oder das eigene Ego zu nähren.

Die Herausforderung: **Der Versuchung des Egos zu widerstehen.** Das erste Gefühl von Bedeutung und Erfolg kann betörend sein. Man glaubt plötzlich, zu wissen, wie alles funktioniert und will jedes Detail kontrollieren. Doch genau dieses Kontrollbedürfnis verhindert, dass man das eigentliche Ziel im Auge behält: Unabhängige Leaderinnen zu entwickeln, die das Geschäft eigenständig voranbringen. Anstatt andere zu befähigen, besteht die Gefahr, alles selbst machen zu wollen – und genau das führt dazu, dass dein Fortschritt ins Stocken gerät.

MANAGERIN	VS	LEADERIN
• GIBT ANWEISUNGEN		• STELLT FRAGEN
• TREIBT AN		• ENTWICKELT UND COACHT
• VERFÜGT ÜBER AUTORITÄT		• FÜHRT DURCH VORBILD
• SAGT „ICH“		• SAGT „WIR“
• SAGT „MACH DOCH…“		• SAGT „LASS ES UNS ANPACKEN…“
• KONZENTRIERT SICH AUF SCHWÄCHEN		• KONZENTRIERT SICH AUF STÄRKEN
• ÜBT MACHT AUS		• ENTWICKELT STÄRKE DURCH KOMPETENZ

Wenn du die Unterschiede zwischen einer Managerin und einer Leaderin in dieser Übersicht betrachtest, bekommst du ein tieferes Verständnis davon, was es bedeutet, zu führen, statt nur zu managen.

Um diesem Fallstrick zu entgehen, musst du deinen Denkansatz von Kontrollieren auf Befähigen ändern. Deine Rolle besteht nicht darin, dein Team mit Mikomanagement zu überwachen, sondern durch Vorbild zu führen. Jede in deinem Team ist selbstständig, und der einzige Weg, sie zu inspirieren, ist durch deine Handlungen, nicht, indem du ihnen sagst, was sie tun sollen. Wenn dein Team sieht, wie du mit gutem Beispiel vorangehst - rekrutierst, coachst und selbst wächst - werden sie dir folgen.

Wenn dein Team aufgehört hat, zu rekrutieren oder das Wachstum stagniert, ist das ein Spiegelbild deiner eigenen Handlungen. Dein Team spiegelt wider, was du tust. Wenn du also nicht aktiv rekrutierst und aufbaust, werden sie das auch nicht tun. Deshalb ist Führung im Network Marketing entscheidend. Der Erfolg deines Unternehmens hängt davon ab, wie gut du zu Aktion inspirierst und nicht davon, wie du jedes Detail managst.

Führst du oder verwaltest du nur?

Wenn du merkst, dass du alle Arbeit selbst machst, dann ist es Zeit, einen Schritt zurückzutreten und die Situation neu zu bewerten. Der Übergang vom Verwalten zum Führen ist nicht so schwer, wie es scheint. Fokussiere dich darauf, mit gutem Beispiel voranzugehen, ein Vorbild zu sein, bleib selbst weiter aktiv und feiere jeden Erfolg – egal ob groß oder klein – gemeinsam mit deinem Team. Wenn sie erfolgreich sind, bist auch du erfolgreich. Aber denk daran: dein Team wird nur so weit gehen, wie du es führst, und irgendwann musst du allen die Freiheit geben, eigene Entscheidungen zu treffen, ihr eigenes Team zu führen und ihr eigenes Geschäft aufzubauen.

Es ist fast so, als wärst du ein Elternteil, das sein Kind beim Aufwachsen begleitet. Du führst es an der Hand, aber irgendwann im Leben musst du ihm erlauben, seinen eigenen Weg zu gehen. Wenn du es nie loslässt, wird es niemals Verantwortung für sein eigenes Leben übernehmen, und plötzlich hast du ein 45-jähriges Kind, das immer noch zu Hause lebt und von dir erwartet, ihm den Weg zu weisen.

Deshalb ist es so wichtig, nicht nur mit gutem Beispiel voranzugehen, sondern auch deine Teammitglieder in allem zu schulen, was sie wissen müssen, um ihre eigene Unabhängigkeit zu finden.

Bei dieser Reise geht es nicht darum, Bedeutung zu erlangen oder das Ego zu stärken. Du bist ein wesentlicher Bestandteil der Organisation, doch dein Erfolg ist mit deiner Fähigkeit verbunden, andere zu fördern. Versteh mich nicht falsch, an diesem Punkt ist dein Team noch von dir abhängig, aber Mikromanagement wird das Wachstum nur verlangsamen oder sogar zum Stillstand bringen. Also nimm deine Rolle als Führungskraft an. Sei das Vorbild, das dein Team braucht, inspiriere es, neue Höhen zu erreichen, und du wirst sehen, wie die gesamte Organisation mit dir wächst.

Wie ich zu Beginn erwähnt habe, glaube ich, dass wir alle die Stufe des Teenagers durchlaufen müssen und eine Art "Pubertät" in unserer Network-Marketing-Reise erleben. Wie lange du in dieser Stufe bleibst, liegt ganz an dir. Es hängt davon ab, wann du dich entscheidest, den nächsten Schritt zu machen. Es kann auch sein, dass du nie über diese Stufe hinauskommst. Denn manchmal steht uns nichts so sehr im Weg, wie unser eigenes Ego.

Neue Ideen sind willkommen, doch es gibt einen Erfolgs-Code

Ein häufiger Fehler, den Vertriebspartnerinnen in der Stufe des Teenagers machen, ist, zu versuchen, das Rad neu zu erfinden. Nachdem sie ersten Erfolg hatten, überzeugt sie ihr Ego davon, dass sie neue Strategien oder Systeme entwickeln müssen, um mehr Bedeutung zu erlangen. Diese Herangehensweise führt jedoch oft zu Rückschlägen und bremst den Fortschritt. Im Network Marketing gibt es bereits bewährte Systeme, und der Schlüssel zum langfristigen Erfolg liegt darin, diese Systeme zu nutzen, und nicht Zeit damit zu verschwenden, sie neu zu erschaffen.

Wenn deine ersten Erfolge spürbar werden, ist es naheliegend, sich wichtig zu fühlen und zu glauben, dass dein Weg besser ist. Möglicherweise denkst du, dass du Network Marketing auf deine eigene Weise umsetzen und die etablierten Methoden außer Acht lassen kannst, die vielen anderen schon zum Erfolg verholfen haben. Du könntest aufhören, dem System zu folgen, in der Annahme, dass deine vergangenen Erfahrungen dich zu noch größerem Erfolg führen werden. Doch genau hier irrst du dich. Denn im Network Marketing gewinnt immer das System.

Ein weiterer Fallstrick in der Stufe des Teenagers ist, dass du dazu neigst, Dinge auf deine Weise zu machen – besser und außergewöhnlich. Das klingt vielleicht nicht nach etwas Schlechtem, aber **wenn du etwas Außergewöhnliches machst, wird es unmöglich, es zu duplizieren.**

Als ich im Network Marketing anfing, arbeitete ich mit einem Unternehmen der Gesundheitsbranche, und aufgrund meines Hintergrunds als Athlet und Trainer hatte ich viel Wissen, das ich in Präsentationen einbringen konnte. Ich hielt zweistündige, super detaillierte Produktpräsentationen, und erst als ein guter Freund zu mir sagte: "Falko, was du machst, kann niemand anderes", wurde mir klar, dass **ich der Grund war, warum es in meiner Organisation keine Duplikation gab**. Ich machte es so kompliziert, dass niemand es nachmachen konnte. Das bremste mein Wachstum.

Im Network Marketing geht es nicht darum, was funktioniert, sondern darum, was dupliziert werden kann.

"DIE FORMEL FÜR FINANZIELLE FREIHEIT BESTEHT DARIN, DASS EINE GROSSE GRUPPE VON MENSCHEN, ÜBER EINE LANGE ZEIT HINWEG WENIGE EINFACHE DINGE TUT."

– J. PAUL GETTY –

Deshalb ist es in der Stufe des Teenagers so wichtig, dass dir dein Ego und dein Bedürfnis nach Bedeutsamkeit nicht im Weg stehen. Wenn du versuchst, auf der Bühne zu glänzen, anstatt den Menschen im Publikum zu dienen, wird die Geschwindigkeit deines Wachstums leiden. Deshalb sage ich immer: Nutze die Werkzeuge und Ressourcen, die von dem Unternehmen bereitgestellt werden; diese sind völlig ausreichend. Zu viele Vertriebspartnerinnen versuchen, die ihnen zur Verfügung gestellten Ressourcen zu verändern: Sie fügen Folien zu den Präsentationen hinzu, arbeiten die Prozesse auf unterschiedliche Weise durch und versuchen, alles zu "verbessern"... Aber wenn sie das tun, sind plötzlich nur noch sie selbst in der Lage, diese Ressourcen effektiv zu nutzen und zu präsentieren, und das Wachstum stagniert.

Halte alles einfach. Je mehr du wächst, desto wichtiger wird das. Während ich das schreibe, erinnere ich mich an ein Sprichwort, das wir im Hochleistungssport verwendet haben: "Wenn du Erfolg haben willst, halte es verdammt einfach." Komplexität mag kurzfristig funktionieren, aber wenn du beginnst, dein Geschäft auf nationaler oder sogar internationaler Ebene zu erweitern, kommunizierst und arbeitest du mit Menschen, die vielleicht unterschiedliche Sprachen sprechen. Wenn du anfängst, eigene Materialien zu produzieren, musst du sicherstellen, dass sie in allen Sprachen zugänglich sind, und das ist eine Menge Arbeit! Also spare dir diese Mühe, halte Dinge einfach und nutze das vorhandene System. Es ist nicht so, dass nur ein einziger Weg im Network Marketing zum Erfolg führt. Es gibt jedoch bestimmte Prinzipien, die immer funktionieren, und ich empfehle nachdrücklich, diese anzuwenden.

Diese Prinzipien und Grenzen wirken wie Leitplanken auf der Autobahn deiner Network-Marketing-Reise. Sie sind die Barrieren, die dich auf Kurs halten, und die Wegweiser, die dich in die richtige Richtung führen.

Das bedeutet jedoch, dass es zwischen diesen Leitplanken genügend Raum gibt, um deine persönliche Note hinzuzufügen. In diesem Raum werden dein Führungsstil, deine Werte und deine Kreativität deinen einzigartigen Ansatz beim Aufbau deines Network-Marketing-Geschäfts prägen. Während die Kernprinzipien Struktur bieten, ist es deine Persönlichkeit, die dem System den Feinschliff gibt.

Für diejenigen von euch, die in der Teenager-Phase Schwierigkeiten haben, die mit ihrem Ego kämpfen und sich nach Anerkennung sehnen, ist es entscheidend, den Fokus auf das gewünschte Ergebnis zu verlagern und sich selbst zu fragen: **"Will ich bedeutend sein oder will ich frei sein?"**

Halte kurz inne, denn das ist wichtig: Die Antwort auf die oben gestellte Frage bestimmt deinen zukünftigen Erfolg im Network Marketing.

Vertiefe dein Wissen

Um das, was ich in diesem Kapitel geteilt habe, zu vertiefen, empfehle ich dir, die folgenden Videos (auf Englisch) anzusehen:

1. Führungsqualitäten, die zu einem großen siebenstelligen Network-Marketing-Geschäft führen

2. Der beste Network-Marketing-Verkaufstipp, den ich je erhalten habe und wie jeder ihn anwenden kann

KAPITEL FÜNF

DIE STUFE DER JUNGEN ERWACHSENEN

“Die Stufe der Entscheidung”

Drei Monate nachdem ich mich entschlossen hatte, in Vollzeit Network Marketing zu betreiben, nahm meine Reise eine abrupte Wende. Das Unternehmen, bei dem ich eingestiegen war, stellte sein Geschäft in Europa ein. Das hätte ein verheerender Rückschlag sein können. Stattdessen traf ich eine wichtige Entscheidung: Ich entschied mich, die Gelegenheit in der Krise zu sehen und begann, mich neu zu organisieren und mir eine Strategie zu überlegen. In dieser unsicheren Zeit konzentrierte ich mich darauf, mein Netzwerk aufzubauen und zu pflegen, um mich auf das nächste Kapitel vorzubereiten. Als ich mich mit einem neuen Unternehmen zusammenschloss, erwies sich diese Vorarbeit als unschätzbar wertvoll, da ich mir die Zeit genommen hatte, zu innovieren, mich anzupassen und zu wachsen.

Als junge Erwachsene ist es an der Zeit, die “wahre Welt da draußen“ zu erleben, und es ist in dieser Stufe deiner Network-Marketing-Reise nicht anders. Aus diesem Grund bezeichne ich diese Stufe auch als die “Stufe der Entscheidung“, denn du wirst eine wichtige Entscheidung treffen müssen.

Vor dieser Phase wirst du einige Erfolge erlebt haben. Du wirst ein kleines Unternehmen aufgebaut und einige Einnahmen generiert haben; vielleicht kannst du sogar im Business Vollzeit arbeiten. **Aber du befindest dich immer noch im Selbständigen-Quadranten; alles hängt von dir ab.** Das Geschäft ist noch nicht stabil, es wächst nicht so schnell, wie es könnte, und du bist noch dabei, dich zu einer echten Leaderin zu entwickeln.

Durch dein Verhalten in der Teenager-Phase, die jede von uns durchmacht, könnte dein Geschäft begonnen haben, zu stagnieren oder sogar rückläufig zu werden. Jetzt befindest du dich an dem Punkt, an dem du eine Entscheidung treffen musst: Wählst du "Fame" oder "Blame" – also Ruhm oder Schuldzuweisungen?

Es scheint eine einfache Antwort zu sein, aber "Ruhm" zu wählen ist nicht immer einfach, und Herausforderungen und Krisen als Chancen für Wachstum zu sehen, ist noch viel schwieriger.

Als das erste Unternehmen, mit dem ich zusammenarbeitete, nur drei Monate nachdem ich mich entschlossen hatte, Vollzeit im Network Marketing zu arbeiten, seine europäische Niederlassung schloss, war das ein Schock für mein Team, meine Familie und mich. Ich hatte meine Karriere als professioneller Skisprungtrainer aufgegeben und nun kein Einkommen mehr. Ich hatte gerade ein Haus gekauft, beide meiner Kinder gingen auf eine Privatschule, wir hatten zwei Autos und all die anderen Dinge, die zum Leben gehören, aber ich hatte keine Möglichkeit, das alles zu finanzieren.

Ich hätte an diesem Punkt aufhören können. Es wäre ein Leichtes gewesen, Schuldzuweisungen zu wählen. Ich hätte das Unternehmen dafür verantwortlich machen können, dass sie ihre Aktivitäten in Europa eingestellt haben. Ich hätte den europäischen Markt dafür verantwortlich machen können, dass er keinen Wert in dem Produkt gesehen hat. Oder ich hätte das Team dafür verantwortlich machen können, dass es nicht genug getan hat, um das Produkt zu bewerben. Es gibt so viele andere Dinge, die ich hätte für meine Situation verantwortlich machen können, aber stattdessen entschied ich mich für "Ruhm".

Ich war mir so sicher, dass ich durch Network Marketing Freiheit finden könnte, und so entschlossen, ein Meister in dieser Branche zu werden, dass ich, anstatt zu scheitern, nach einem anderen Unternehmen suchte. Schließlich entschied ich mich, mit einem kleinen Unternehmen zusammenzuarbeiten, das eine Produktlinie vertrat, von der ich glaubte, dass sie das Leben der Menschen verändern könnte, und ich ging “All In”.

Wir wurden die ersten Vertriebspartner dieses Unternehmens in Mitteleuropa (Österreich, Deutschland, Schweiz und Italien) und bauten das Network-Marketing-Geschäft von Null auf. Heute gibt es tausende von Vertriebspartnerinnen in der Organisation und hunderttausende von Kundinnen, die das Produkt jeden Tag nutzen.

Deshalb kann ich dir in diesem Kapitel zeigen, wie du eine Meisterin werden und ein Leben mit der Freiheit der Wahl führen kannst.

Werde Meisterin

In jeder Stufe dieser Reise streben wir danach, einen weiteren Schritt in Richtung Mastery im Network Marketing zu machen. In der Stufe der jungen Erwachsenen beginnt diese Mastery wirklich Gestalt anzunehmen. Du hast es geschafft, über den Schmerz und die Zweifel hinwegzukommen, die mit einer stockenden Entwicklung einhergehen. Es gibt so viele Menschen, die in der Stufe des Teenagers stecken bleiben, aber du bist eine derjenigen, die in der Lage waren, die nächsten Schritte zu machen und die Fähigkeiten und das Umfeld zu entwickeln, die es braucht, um weiterzukommen.

Jetzt wächst dein Geschäft, und ebenso wächst dein Einflusskreis. Dies ist der Moment, in dem du deine Reise zur Mastery im Network Marketing wirklich beginnst und in dem du entscheiden musst, ob du **"Ruhm" oder "Schuldzuweisungen" (Fame or Blame) wählst**.

"Ruhm" zu wählen bedeutet, dass du dich dazu verpflichtest, ein echter Profi und eine Meisterin im Network Marketing zu werden – Verantwortung zu übernehmen, diese Branche von Grund auf zu verstehen und eine wahre Leaderin, anstatt eine Managerin zu werden. Natürlich bedeutet die Wahl von "Ruhm", dass du dich dafür entscheidest, die Denkweise und Haltung zu übernehmen, die dich zum nächsten Level führen.

Wenn du dich jedoch für "Schuldzuweisungen" entscheidest, beginnst du, alles und jede als Hindernis für deinen Erfolg zu sehen. Du beschuldigst das Unternehmen, das Team, die Branche, das Produkt, den Support - du gibst allen anderen die Schuld, nur nicht dir selbst. Wenn du das tust - und du kannst es sogar unabsichtlich tun –, dann bist du raus. Du steckst fest, hörst auf, dich zu bewegen, und alles, was du tun kannst, ist auf den unvermeidlichen Rückgang deines Geschäfts zu warten. Du wirst entweder stagnieren, langsam zurückfallen oder überhaupt aussteigen.

Es ist eine Entscheidung, die nur du selbst treffen kannst.

Wenn du dich für "Ruhm" entscheidest, hebst du deine persönliche und berufliche Entwicklung auf das nächste Level. Du schaffst Hebelwirkung in deiner Organisation und beginnst, alles anzuwenden, was du in den vorherigen Stufen gelernt hast. Du wirst wirklich unabhängig und machst deinen ersten echten Schritt in Richtung Mastery.

Die vier zentralen Glaubenssätze

Zu Beginn dieses Buches habe ich die **Four Core Beliefs oder die vier zentralen Glaubenssätze** erwähnt. Jetzt ist es wichtig, tiefer in dieses Thema einzutauchen. Denn wenn du den nächsten Schritt zur Network Marketing Mastery machen möchtest, musst du in allen vier zentralen Glaubenssätzen ein solides "grünes Licht" haben. Die Herausforderung ergibt sich dann, wenn eine oder mehrere dieser Überzeugungen schwach oder gar nicht vorhanden sind. Wenn das der Fall ist, verlierst du das Vertrauen und die Zuversicht in Network Marketing, dein Unternehmen, das System, dein Produkt und vor allem in dich selbst. Dieser Mangel an Glauben wird sich in jedem Gespräch zeigen, beeinflussen, wie dein Team deine Bemühungen dupliziert und letztendlich das zukünftige Wachstum deines Geschäfts beeinträchtigen. Ehrlich gesagt, ohne eine starke Grundlage in allen vier zentralen Glaubenssätzen ist es unwahrscheinlich, dass du die Stufe des Profis oder der Unternehmerin erreichst.

1. **Glaube an Network Marketing**

Die erste der vier Grundüberzeugungen ist der Glaube an die Branche Network Marketings selbst; du musst zu 100 Prozent sicher sein, dass diese Branche das Potenzial hat, Leben zum Besseren zu verändern.

2. Glaube an das Unternehmen

Zweitens musst du an dein Unternehmen, deine Mentorinnen und die Vision glauben. Vertraue dem Team, dem du angehörst, und ihrer Fähigkeit, dir zum Erfolg zu verhelfen. Es ist genauso wichtig, Vertrauen in dein Unternehmen und dessen Mitarbeiterinnen zu haben, da sie das Rückgrat deiner gesamten Network-Marketing-Reise darstellen.

3. Glaube an das Produkt oder das Service

Drittens glaube an das Produkt oder das Service, das du anbietest. Der beste Weg, dies zu tun, ist, ein Produkt des Produkts zu werden. Das bedeutet, du bist deine beste Kundin. Ich habe so viele Menschen gesehen, die versucht haben, ein Network-Marketing-Geschäft aufzubauen, aber nicht die Produkte oder das Service genutzt haben, die sie vertreten. Wenn du an das Produkt glaubst und stolz darauf bist, darüber zu sprechen, wirst du immer mehr Kundinnen gewinnen. Das weiß ich aus eigener Erfahrung. Ich habe seit neun Jahren keine Kundinnen mehr aktiv rekrutiert, aber ich bin so stolz auf die Produkte, dass ich jeden Tag darüber spreche. Und einfach nur, weil ich leidenschaftlich von meinen Produkten erzähle, gewinne ich weiterhin mühelos Kundinnen.

4. Glaube an dich selbst

Schließlich musst du an dich selbst glauben. Für viele von uns ist dies die größte Herausforderung. Aber wenn du nicht an dich selbst glaubst und dir vertraust, warum sollten es dann andere tun?

Klarheit über deine vier zentralen Glaubenssätze gewinnen

Um im Network Marketing erfolgreich zu sein, ist es entscheidend, dass du in allen vier zentralen Glaubenssätzen "grünes Licht" hast, da sie das Fundament für deinen Erfolg sind. Ohne ein starkes Bekenntnis zur Branche Network Marketing, zu deinem Unternehmen, zu deinem Team, zu den Produkten/Dienstleistungen, die du vertrittst und ohne einen starken Glauben an dich und deine eigenen Fähigkeiten, wirst du Schwierigkeiten haben, den Erfolg zu erreichen, den du dir wünschst. Deshalb empfehle ich dir, jetzt eine Pause und folgende Übung zu machen. Sie wird dir helfen, Klarheit über deine Glaubenssätze in diesen vier Bereichen zu gewinnen und dich für langfristigen Erfolg vorzubereiten.

Nimm dir Zeit, schnapp dir ein Notizbuch oder noch besser die Notizen-App auf deinem Handy und bearbeite die folgenden Aufgaben gründlich. Warum empfehle ich, die Notizen-App auf deinem Handy zu nutzen? Weil du so deine vier zentralen Glaubenssätze immer bei dir hast. Mach daraus ein lebendes, sich ständig weiterentwickelndes Dokument, das du jederzeit aktualisieren und verfeinern kannst, wenn dir neue Gedanken kommen.

1. Warum Network Marketing?

Schreibe **alles auf, was Network Marketing für dich zu einer einzigartigen Gelegenheit macht**, um dein Leben zum Besseren zu verändern. Überlege, warum du diesen Weg gewählt hast und wie er mit deinen Zielen und Werten übereinstimmt.

Fragen zum Nachdenken:

- *Was begeistert dich am meisten an Network Marketing?*
- *Was sind die Vorteile dieser Branche?*
- *Wie kann Network Marketing dir helfen, die Lücke in deinem Leben zu schließen?*
- *Wie unterscheidet sich Network Marketing von anderen Geschäftsmodellen oder Karrieren?*

2. Dein Unternehmen, Mentorinnen und das System

Denke über deinen Glauben an dein Unternehmen, dessen Führung und das System, dem du angehörst, nach. Schreibe auf, **warum du**

glaubst, dass dein Unternehmen das beste in der Branche ist und warum deine Mentorinnen und dein Team dir helfen können, Erfolg zu erzielen.

Fragen zum Nachdenken:

- *Was macht dein Unternehmen im Vergleich zu anderen herausragend? (Auszeichnungen, Zertifikate, Produkte, Nachhaltigkeit, ...) Warum sollte eine Interessentin deinem Unternehmen beitreten und nicht dem einer Mitbewerberin?*
- *Welche spezifischen Eigenschaften machen deine Mentorinnen und dein Team so wertvoll für deinen Erfolg? Warum sind sie die besten Begleiterinnen für dich auf dieser Reise?*
- *Wie hilft dir das System deines Unternehmens dabei, deine Bemühungen zu vervielfachen und dein Geschäft zu vergrößern?*

3. Dein Produkt oder Service

Nimm dir Zeit, um gründlich über das Produkt oder das Service nachzudenken, mit dem du arbeitest. **Was macht es so besonders**, dass Kundinnen es anderen Produkten oder Dienstleistungen vorziehen sollten? Denke daran: Je stärker dein Glaube an dein Produkt ist, desto selbstbewusster kannst du es mit anderen teilen.

Fragen zum Nachdenken:

- *Welche einzigartigen Vorteile bietet dein Produkt oder Service, die es von anderen auf dem Markt abheben?*
- *Wie löst es ein Problem oder verbessert das Leben deiner Kundinnen auf eine bedeutende Weise?*
- *Warum sollte jemand speziell nach deinem Produkt suchen und nicht zu einem anderen Unternehmen gehen?*

4. **Glaube an Dich Selbst**

Zum Schluss reflektiere über deinen Glauben an dich selbst. Dies ist der wichtigste Glaubenssatz von allen. Überlege, **was dich einzigartig macht** und warum jemand sich entscheiden sollte, mit dir zusammenzuarbeiten, anstatt mit einer anderen Vertriebspartnerin in deinem Unternehmen.

Fragen zum Nachdenken:

- *Was hast du bisher in deinem Leben erreicht? Hast du eine liebevolle Familie und Freundinnen? Hast du einen Schul- oder Hochschulabschluss, den Führerschein, ein gemütliches Haus oder eine Wohnung, ein Tauchzertifikat, spielst du ein*

Musikinstrument oder bist du gut im Tennis? Schreibe mindestens eine Seite mit allen Dingen, die du besitzt, erreicht hast und für die du dankbar bist.

- *Welche Eigenschaften oder Fähigkeiten bringst du mit, die dich zu einer wertvollen Geschäftspartnerin machen?*
- *Wie hebst du dich im Geschäft von anderen ab? Warum sollte jemand bei dir kaufen oder sich dir anschließen und nicht einer anderen?*

Nachdem du alle diese Fragen beantwortet hast, nimm dir Zeit, um deine Antworten durchzulesen. Gibt es Bereiche, in denen dein Glaube schwach erscheint? Falls ja, überlege, wie du diesen Glauben im Laufe der Zeit stärken kannst. **Wenn ich Vertriebspartnerinnen coache, die sich in einer Stufe festgefahren fühlen und keinen Fortschritt in ihrem Geschäft sehen, ist die Ursache oft ein Mangel an Klarheit in einem der vier zentralen Glaubenssätze.** Wann immer du dich also festgefahren fühlst, kannst du zu dieser Übung zurückkehren und an den vier zentralen Glaubenssätzen arbeiten, denn Stärke und Klarheit in diesen vier Bereichen sind entscheidend, um im Network Marketing voranzukommen und langfristigen Erfolg zu erzielen.

Meine sechs Schritte zum Erfolg

Wenn du in deiner Network-Marketing-Reise weiterkommst, besonders wenn du in die Stufe des Profis übertrittst, ist es entscheidend, professionelle Strategien zu übernehmen. An dieser Stelle möchte ich meine persönliche "Sechs Schritte zum Erfolg"-Strategie teilen, die mir in meiner Karriere als Athlet, Coach und im Network Marketing stets geholfen hat. Diese Schritte sind universell und können auf alle Lebensbereiche angewendet werden, sei es im Geschäft, in Beziehungen, in der Gesundheit oder in der Spiritualität.

Diese Strategien halfen mir, Junioren-Weltmeisterschafts-Medaillen zu gewinnen, Athleten zu mehreren Olympia- und Weltmeisterschafts-Medaillen zu coachen und ein Spitzenverdiener in der Network-Marketing-Branche zu werden. Wenn du diesen sechs Schritten folgst, kannst du jahrelangen Trial-and-Error (Versuch und Irrtum) vermeiden und deine Reise zum Erfolg deutlich beschleunigen. Lass uns loslegen!

1. Stelle dich der Wahrheit

Schau in den Spiegel und sei schonungslos ehrlich zu dir selbst; du musst erkennen, wo du wirklich stehst. Wir neigen alle dazu, Dinge besser darzustellen, als sie sind. Doch wenn du dir schon am Anfang etwas vormachst, wird alles, was danach kommt, nicht funktionieren. Der erste Schritt ist also eine wahrhaftige und ehrliche Reflexion deiner aktuellen Situation im Geschäft und deiner persönlichen Rolle darin. Eine kleine Erinnerung: Wenn du die Bewertung auf dem ***Wheel of Network Marketing Mastery*** noch nicht gemacht hast, ist jetzt ein guter Zeitpunkt, dies zu tun. Wenn du die Bewertung ehrlich durchführst, zeigt dir das Ergebnis genau, wo du in deiner Network-Marketing-Karriere wirklich stehst, und du bekommst eine klare Anleitung für die nächsten Schritte zur Network Marketing Mastery.

2. Wissen, wohin du willst

Nachdem du dich der Wahrheit über deinen aktuellen Stand gestellt hast, ist es nun an der Zeit, genau zu definieren, wohin du möchtest. Schritt zwei dreht sich darum, kristallklar auf dein Ziel zu fokussieren. **Denk daran: vage Ziele führen zu vagen Ergebnissen.**

Stell dir das wie ein Motorboot vor. Wenn du das Motorboot nicht in eine bestimmte Richtung steuerst, fährt es einfach im Kreis – verbraucht Benzin, macht Lärm, aber fährt letztlich unkontrolliert umher. Das Boot ist in Bewegung, verbraucht 100 % seiner Energie, vielleicht treibt es auch nur mit dem Wind und der Strömung. Aber eins ist sicher: Ohne Richtung wird es sein Ziel nie erreichen.

Deshalb lade ich dich ein, dir deine Ziele mit dem **SMART-System** zu setzen:

- **S – Specific/Spezifisch:** Formuliere präzise, was du erreichen möchtest.
- **M – Measurable/Messbar:** Definiere, nach welchen Kriterien du deinen Fortschritt messen wirst.
- **A – Actionable/Ausführbar:** Dein Ziel muss in deinem Einflussbereich liegen. Achte darauf, dass du aktiv darauf hinarbeiten kannst.
- **R – Realistic/Realistisch:** Setze ein Ziel, das erreichbar ist und dich gleichzeitig herausfordert.
- **T – Time-bound/Termingebunden :** Gib dir eine klare Frist, fokussiert zu bleiben.

Also, was ist dein Ziel?

Definiere es so konkret wie möglich. Denn wenn du nicht weißt, wohin du möchtest, landest du höchstwahrscheinlich an einem Ort, an dem du gar nicht sein willst. Um echten Fortschritt zu machen, musst du dein Motorboot auf ein klares Ziel ansteuern und deine Energie darauf richten, entschlossen voranzukommen.

3. Dein "Warum" kennen

Dein "Warum" ist der Treibstoff, der dich von dem Ort, an dem du jetzt bist, dorthin bringt, wo du wirklich sein möchtest. Darüber haben wir bereits im Kapitel über die Stufe des Kleinkindes gesprochen. Zur Erinnerung: Wenn die Herausforderung größer ist als dein "Warum", wirst du aufgeben.

4. Werde die Person, die ihr Ziel anzieht

In Schritt vier geht es darum, sich in die Person zu verwandeln, die in der Lage ist, ihr Ziel zu erreichen. Du erreichst ein Ziel nicht einfach aus Versehen – du ziehst es an, indem du die Art von Person wirst, die dieses Level an Erfolg tragen kann. Eine Olympiasiegerin ist schon lange vor dem Erhalt der Medaille eine Siegerin. In ihrem Kopf und ihrer Identität ist sie es längst. Sie denkt, spricht und handelt jeden Tag wie eine Siegerin.

Im Network Marketing bedeutet das, die richtigen Gewohnheiten, die richtige Denkweise und Disziplin an den Tag zu legen. Als ich in dieser Branche begann, entwickelte ich ein klares Bild – eine Art "Avatar" – der Person, die ich werden musste. Ich fragte mich: "Welche Eigenschaften haben die Top-Verdienerinnen? Wie denken, handeln und führen sie?" Dann arbeitete ich daran, diese Gewohnheiten und Eigenschaften in mein eigenes Leben zu integrieren.

Und hier ist etwas Wichtiges: Wenn du nicht sicher bist, welche Eigenschaften oder Merkmale eine Top-Verdienerin im Network Marketing hat, schau dir einfach die Top-Verdienerinnen in deinem eigenen Unternehmen an. Diese Menschen haben bereits den Erfolg erreicht, den du anstrebst. Geh zu ihnen, sprich mit ihnen und lerne von ihnen. Frage sie nach ihren Gewohnheiten: Was tun sie jeden Tag, um die Duplikation in ihrem Geschäft aufrechtzuerhalten? Frage nach ihrer Morgenroutine, ihrer Abendroutine, welche Bücher sie lesen, welche Seminare sie besuchen oder welche Podcasts sie hören.

Erfolg hinterlässt Spuren. Er ist ein Spiegelbild dessen, wer du bist.

Wenn du eine Top-Verdienerin werden möchtest, fang an, dich wie eine zu verhalten. Es geht nicht nur darum, mehr zu tun – es geht darum, mehr zu werden.

5. Regelmäßige Handlungsschritte setzen

Erfolg entsteht nicht über Nacht. Er wächst durch die kleinen, regelmäßigen Tätigkeiten, die du jeden Tag umsetzt. Dein Erfolg wird nicht durch das bestimmt, was du ab und zu tust – ***es geht darum, was du jeden einzelnen Tag tust***. Ich glaube zutiefst an die Macht täglicher Gewohnheiten. Wie ich immer sage: "Änderst du deine Gewohnheiten, änderst du dein Leben."

Es gibt zwei spezielle Zeiten am Tag, in denen du die Routinen und Gewohnheiten umsetzen kannst, die dich zu der Person werden lassen, die ihre Ziele anzieht: am Morgen und vor dem Schlafengehen. Deshalb liebe ich Morgen- und Abendroutinen.

Für mich beginnt es am Morgen. Ich nehme mir Zeit, um mich auf das Gefühl der Dankbarkeit zu konzentrieren, bestimme meine Absichten für den Tag und richte mein Mindset aus. Ich kümmere mich auch um mein körperliches Wohlbefinden. Es geht dabei nicht darum, jeden Tag etwas Außergewöhnliches zu tun – es geht darum, **gewöhnliche Dinge regelmäßig über einen längeren Zeitraum zu tun**. Das ist es, was den Unterschied ausmacht.

Die zweite Gelegenheit für gute Routinen ist am Abend, kurz bevor du ins Bett gehst. Egal, ob es darum geht, einen Podcast zu hören, ein

Buch zu lesen, eine Prioritätenliste für den nächsten Tag zu erstellen oder die Termine zu überprüfen – diese Routinen halten dich fokussiert und vorbereitet. Denke daran: Was du jeden Tag tust, bestimmt, wer du wirst. Also, welche Gewohnheiten musst du dir aneignen, um deine Ziele zu erreichen?

Schritt vier setzt also deinen Standard, und in Schritt fünf beginnst du, diesen Standard zu leben. Wenn sich dein Leben oder dein Geschäft nicht verändert hat, liegt das daran, dass du weiterhin nach denselben Standards denkst und handelst. Um echte Veränderungen zu schaffen, musst du deine Standards anheben – in deiner Art, zu denken, zu sprechen und jeden Tag zu handeln.

Frage dich selbst: "Wird das, was ich als Nächstes tun werde, mir helfen, mein Ziel anzuziehen?" Wenn die Antwort *ja* lautet, tu es. Wenn nicht… warum zum Henker solltest du es dann überhaupt tun?

6. Eine Entscheidung treffen und ihr treu bleiben

Schritt sechs ist einfach, aber kraftvoll: Bist du bereit, den Preis für Erfolg zu zahlen? Es geht um echte Hingabe. Bist du bereit, alles zu tun, was notwendig ist, um dein Ziel zu erreichen? Erfolg hat seinen Preis – genauso wie Misserfolg. Das kann bedeuten, dass du kurzfristig Zeit, Energie oder Komfort opferst, um langfristig eine größere Belohnung zu erhalten.

Ich habe auf meiner Reise Opfer gebracht – ich habe Familienanlässe verpasst, lange gearbeitet und in meine persönliche Entwicklung investiert, anstatt Spaß mit Freunden zu haben oder mit meinen Liebsten etwas zu unternehmen. Aber jedes Opfer war es wert, weil es mich meinem Ziel nähergebracht hat.

Frage dich: **Was bist du bereit aufzugeben, um das zu bekommen, was du willst?** Welchen Preis bist du bereit zu zahlen? Denn wenn du nicht bereit bist, dich vollständig zu verpflichten – oder dich, wie man es im Network Marketing gerne sagt, wirklich zu "committen", wird der Erfolg immer unerreichbar bleiben.

Mit diesen **sechs Schritten zum Erfolg** gebe ich dir meinen Schatz in die Hand – das Geheimnis hinter all meinen bisherigen Erfolgen. Ich bin zuversichtlich, dass du Erfolg haben wirst, wenn du diese Schritte einhältst: wenn du bereit bist, der Wahrheit über deinen Status Quo ins Auge zu sehen, genau zu definieren, wohin du willst, und zu verstehen, warum du dieses Ziel erreichen möchtest. Frage dich, zu was für einer Person du werden musst, um deine Ziele anzuziehen, und integriere die notwendigen Routinen in deinen Alltag, um diese Person zu werden. Und wenn du den Weg vor dir siehst und du bereit bist, den Preis zu zahlen, wirst du jedes Ziel erreichen, das du dir setzt, und du wirst das Leben deiner Träume leben.

Jede Krise bietet eine Chance

Im Jahr 2020 kam die Welt durch COVID-19 zum Stillstand, und viele Menschen in der Network-Marketing-Branche dachten, das sei das Ende ihrer Reise. Unser Geschäft ist ein "People-to-People"-Geschäft; wir brauchen den direkten Kontakt zu Menschen, und viele unserer Systeme basieren auf physischen Treffen, sei es mit unserem Team, mit Kundinnen oder mit Vertriebspartnerinnen.

Als dann der Lockdown kam, war es für uns unmöglich, uns zu treffen – an vielen Orten war es sogar gesetzlich verboten. In dieser Zeit steckten viele den Kopf in den Sand, besonders in der Welt des Network Marketing. Die Welt stoppte, also stoppten auch sie. Aber ich hatte nicht die Absicht, das zu tun. Wo viele in der Branche eine Krise sahen, sah ich stattdessen eine Chance. Da keine physischen Treffen mehr möglich waren, fand ich, dass es an der Zeit war, ein Online-System einzuführen.

Wir reagierten wirklich schnell, und innerhalb von sechs Wochen war alles Notwendige für eine Online-Organisation eingerichtet. Alle Systeme waren betriebsbereit und funktionierten so, dass wir unsere Arbeit – so normal wie möglich – fortsetzen konnten.

Natürlich waren wir in dieser Hinsicht nicht einzigartig, denn viele andere Branchen stellten ebenfalls auf Online-Business um. Für uns war dies jedoch der klügste Schritt, den wir machen konnten. Als die Welt sich wieder zu öffnen begann, taten wir das auch – mit beiden Systemen: online und offline. **Aus einer Herausforderung heraus hatten wir etwas geschaffen, das unsere Arbeitsweise nachhaltig verbesserte.**

Du kannst Herausforderungen und Krisen immer in eine Chance für Wachstum verwandeln. Manchmal erfordert das Entschlossenheit, manchmal eine Veränderung im Mindset. Diese Lektion habe ich früh in meiner Karriere gelernt, und sie hat mir immer gut gedient.

Ob im Sport, in meinem Privatleben oder jetzt in meinem Berufsleben – es ist eine meiner Philosophien, die Perspektive der "**Vier Jahreszeiten**" einzunehmen. Wenn die Zeiten gut sind, ist alles einfach. Aber wenn der Winter kommt, wenn es schwierig wird, dann ist es Zeit, zu handeln. Dann hast du eine wichtige Wahl zu treffen: Verkriechst du dich in den Winterschlaf und wartest passiv auf den Frühling oder findest du Stärke in der Herausforderung?

In meinen Jahren als Profi-Skispringer war der Winter nicht einfach nur eine Jahreszeit, sondern meine Arena; er war die Zeit, in der ich zu neuen Höhen aufsteigen konnte. Im Network Marketing sind wirtschaftliche

Abschwünge unsere Winter, und sie gehen mit derselben Wahl einher: Warten wir einfach ab, oder stürzen wir uns in Aktion und verwandeln die Widrigkeiten in einen Vorteil?

Wirtschaftliche Abschwünge sind Phasen, in denen die Konsumausgaben sinken, die Arbeitslosigkeit steigt, die Aktienmärkte einbrechen und die Lebenshaltungskosten nach oben schießen... Es ist ein düsteres Bild, das häufig mit dem Begriff Rezession verbunden wird. Doch wie der kälteste Winter sind auch diese Zeiten nicht dauerhaft; sie gehören zum Auf und Ab des finanziellen Klimas. Und so wie Bäuerinnen die Winterzeit nutzen, um sich auf die Frühjahrssaison vorzubereiten, können auch wir diese Abschwünge als eine Zeit der Vorbereitung, Innovation und des Wachstums nutzen.

Was ich mit den **vier Jahreszeiten der Wirtschaft** vermitteln möchte, ist, deinen Geist zu öffnen und dich auf die Realität vorzubereiten, dass, egal wie gut es dir gerade geht – egal wie fantastisch dein Unternehmen, dein Produkt oder deine Dienstleistung auch sein mag – die Strömungen der Wirtschaft trotzdem erhebliche Herausforderungen mit sich bringen können. Als echte Unternehmerin im Network Marketing musst du verstehen, dass wirtschaftliche Schwankungen dein Geschäft beeinflussen können. Mein Ziel ist es, dich vorzubereiten, damit du, wenn du jemals einen Abschwung erlebst, bereit bist, Ruhm statt Schuldzuweisungen zu wählen, Lösungen zu finden und **diese Herausforderungen in Chancen für Wachstum umzuwandeln.**

Bevor du in die Stufe des Profis eintauchst, ist es Zeit, DEINE Entscheidung zu treffen.

Wählst du "BLAME" oder "FAME"?

Vertiefe dein Wissen

Um das, was ich in diesem Kapitel geteilt habe, zu ergänzen, empfehle ich dir, dir die folgenden Videos (auf Englisch) anzusehen:

1. Wie du 99% der Menschen im Network Marketing überholst

2. Wie ich mein Network-Marketing-Geschäft in sechs Wochen um das Fünffache vergrößert habe

KAPITEL SECHS
DIE STUFE DES PROFIS

Das Erreichen der Stufe des Profis auf deinem Network-Marketing-Weg bedeutet, dass du eine klare, unerschütterliche Entscheidung getroffen hast, es durchzuziehen – voranzukommen und dein erstes großes Ziel zu erreichen: eine echte Unternehmerin zu werden. An diesem Punkt testest du nicht mehr nur das Wasser oder hoffst einfach auf Erfolg, sondern du hast dich dazu verpflichtet, alles zu tun, um ein florierendes, selbsttragendes Geschäft aufzubauen.

Es gibt drei Schlüsselschritte in dieser Phase, die dir ermöglichen werden, den Sprung auf die nächste Ebene – die Stufe der Unternehmerin – zu schaffen. Diese Schritte sind entscheidend für dein Wachstum und deine Führungskompetenz.

Der erste wichtige Schritt ist, eine **"No-Problem-Mentalität" zu entwickeln**. Das bedeutet, dass du, egal welche Hindernisse auftauchen, die Denkweise und Fähigkeiten entwickelst, jedes Problem in eine Gelegenheit zu verwandeln. Du lässt dich nicht von Herausforderungen aus der Bahn werfen, sondern nutzt sie, um dein Geschäft und dein Unternehmen zu stärken.

Der zweite Schritt besteht darin zu verstehen, dass **nicht alles von dir abhängen muss**. In dieser Stufe sollte dein Fokus darauf liegen, das bewährte System deines Unternehmens zu implementieren – ein System, das zahlreichen anderen Vertriebspartnerinnen geholfen hat, die höchsten Ränge zu erreichen. Deine Aufgabe ist es, dieses System in deiner Organisation umzusetzen, damit echte Duplikation stattfindet und dein Geschäft weiterwachsen kann, auch wenn du nicht direkt involviert bist.

Der dritte Schritt ist schließlich, **als Führungskraft aufzutreten**. Hier geht es darum, die fünf Führungsprinzipien zu verinnerlichen, speziell im Kontext des Network Marketings. Wenn du deine Führungsfähigkeiten entwickelst und verfeinerst, wirst du dein Team effektiver führen und dich selbst als echte Führungskraft innerhalb deiner Organisation positionieren.

In diesem Kapitel werde ich dir meinen besten Rat für den Übergang von der Stufe des Profis hin zu einer echten Unternehmerin geben. Dies ist dein Fahrplan, um effektive Systeme zu etablieren und starke Führungskräfte zu entwickeln, die dein Unternehmen eigenständig weiter aufbauen können, sodass es mit oder ohne deine direkte Beteiligung nachhaltig erfolgreich gedeiht.

Die "No-Problem"-Mentalität

Die "No-Problem"-Mentalität bedeutet, jede Herausforderung mit Selbstvertrauen anzugehen, im Wissen, dass immer eine Lösung existiert. Wenn du dieses Mindset übernimmst, wirst du dich nicht mehr von Problemen beunruhigen lassen, weil du in der Lage bist, sie zu lösen. Anstatt Hindernisse zu sehen, beginnst du, Möglichkeiten zu erkennen.

Es liegt in unserer Natur, den Fokus auf Gefahren und Negatives zu richten. Ein Mechanismus, der unser Überleben über Jahrtausende gesichert hat. Doch die Realität ist: Wir sind ständig sowohl von negativen Ereignissen als auch von positiven und schönen Momenten umgeben. Der Schlüssel zu echtem Fortschritt liegt darin, unser Gehirn bewusst darauf auszurichten, das Gute wahrzunehmen und unsere Aufmerksamkeit gezielt auf das Positive zu lenken. Wenn du deinen Fokus von Problemen auf Lösungen verschiebst, wirst du **Herausforderungen als Chancen für Wachstum sehen** – sowohl im Leben als auch im Geschäft kann eine negative Denkweise dich bremsen. Doch wenn du dich bewusst dafür entscheidest, dich auf Lösungen zu fokussieren, wirst du mit Klarheit und Zielstrebigkeit voranschreiten.

Als Führungskraft im Network Marketing gibt dir die “No-Problem“-Mentalität die Fähigkeit, jedes Problem, das dir begegnet, zu meistern. Wenn ein Problem auftaucht, sagst du: “Kein Problem, wir lösen das.“ Du gibst Herausforderungen nicht an deine Upline oder das Unternehmen weiter – du löst sie selbst. **Als Führungskraft ist es inakzeptabel, Probleme aufzublähen**. Deine Aufgabe ist es, Herausforderungen realistisch zu bewerten, sie in Perspektive zu setzen und schnell eine Lösung zu finden. Und stelle sicher, dass “Stille Post“ sofort gestoppt wird.

Dieser Ansatz hält dein Geschäft in Bewegung und zeigt deinem Team, dass **Probleme einfach Teil des Spiels und in Wirklichkeit auch Chancen sind**.

Diese Denkweise ist ein entscheidender Bestandteil deines persönlichen Wachstums. Network Marketing beschleunigt diese Entwicklung, weil es dich frühzeitig dazu drängt, Verantwortung zu übernehmen und zu führen. Mit der Zeit wirst du Herausforderungen auf eine neue Weise sehen und das Potenzial in jeder Situation erkennen.

Die “No-Problem“-Mentalität wird nicht nur dein Geschäft verbessern – sie wird auch dein Leben bereichern. Sobald du anfängst, in Herausforderungen Chancen zu sehen, wirst du in allem eine positive Veränderung in deiner Herangehensweise bemerken. Diese Denkweise führt zu größerer Erfüllung, Glück und Erfolg. Also, nimm diese Herausforderung in der Stufe des Profis an. Übernehme die “No-Problem“-Mentalität und trainiere dich selbst, immer die Gelegenheit in jeder Herausforderung zu erkennen.

Es muss nicht alles von dir abhängen

Eine der wichtigsten Erkenntnisse auf der Stufe des Profis im Network Marketing ist, dass **das System wichtiger ist als die Einzelne**. Lass mich dies mit einer einfachen Analogie erklären. In meinen Live-Präsentationen frage ich oft das Publikum, ob sie denken, dass sie einen besseren Burger als McDonald's machen können. Die meisten Menschen heben sofort die Hand. Dann frage ich: "Warum macht McDonald's Millionen an Umsatz, während du das nicht tust?" Diese Frage lässt die Leute innehalten. Nach einiger Überlegung sagt meist jemand: "McDonald's hat ein herausragendes System, um einen durchschnittlichen Burger zu verkaufen."

Dasselbe Prinzip gilt für Network Marketing. Das System ist es, das den Erfolg antreibt, nicht die Einzelne. Auf der Stufe des Profis, ist es entscheidend zu verstehen, dass **deine Rolle darin besteht, das System zu unterstützen und zu vereinfachen**, damit es leicht repliziert werden kann. Es geht nicht darum, dein eigenes Ego zu füttern oder alles um dich selbst herum aufzubauen. Ein erfolgreiches Geschäft basiert auf einem Fundament, das ohne dein ständiges Eingreifen skalierbar ist.

In diesem Kapitel werde ich **fünf wichtige Prinzipien der Führung** besprechen, die im Network Marketing universell sind und auf jedes Geschäft in diesem Bereich anwendbar sind.

1. **Das System ist entscheidend**

Der erste Schritt, um eine große und nachhaltige Organisation aufzubauen, besteht darin, das von deinem Unternehmen bereitgestellte System vollständig zu übernehmen. Dein Ziel sollte es sein, zu kommunizieren, Ideen zu teilen und **das bestehende System des Unternehmens** zu verbessern – nicht, dein eigenes System zu kreieren. Auch wenn es sich leichter anfühlt, wenn du die Kontrolle hast, erfordert das Skalieren über deinen eigenen Rahmen hinaus, dass du auf das System vertraust, das sich bereits erfolgreich bewährt hat.

2. **Aufbau einer starken Kultur**

Ein weiterer entscheidender Faktor für langfristigen Erfolg ist die Kultur, die du innerhalb deiner Organisation schaffst. **Im Network Marketing bezieht sich Kultur auf die Werte, Überzeugungen und Verhaltensweisen, die definieren, wie im Team Geschäfte geführt werden**. Eine starke Kultur fördert Zusammenarbeit, persönliche Weiterentwicklung und Duplikation – sie schafft eine Umgebung, in der jede Verantwortung für den Erfolg der Gruppe übernimmt.

Als ich vor neun Jahren mit meinem zweiten Network-Marketing-Geschäft begann, sah ich das Potenzial sowohl im Produkt als auch im Unternehmen. Vom ersten Tag an setzte ich einen Fokus auf Werte wie Ehrlichkeit, Vertrauen, qualitativ hochwertige Produkte und gegenseitige Unterstützung. Im ersten Jahr integrierte ich diese Werte konsequent in jede Präsentation, und im Laufe der Zeit verankerte sich diese Kultur und duplizierte sich in der gesamten Organisation. Diese starke, geteilte Kultur machte die Organisation stabiler und nachhaltiger.

3. Führe durch Vorbild

Führen durch Vorbild bedeutet, die Werte und die Kultur zu verkörpern, die du in deiner Organisation sehen möchtest. Erfolg wird nicht nur durch Theorie erreicht – du musst auch "**vorleben, was du predigst**". Eine der einfachsten Möglichkeiten, dies zu tun, besteht darin, die beste Kundin deines Unternehmens zu sein. Wenn du konsequent die Produkte oder Dienstleistungen deines Unternehmens nutzt, zeigst du deinem Team, dass du voll und ganz hinter dem stehst, was du bewirbst.

Dies setzt ein kraftvolles Beispiel, das andere ermutigt, es dir gleichzutun und wahre Überzeugungen für das Produkt zu entwickeln. Wenn deine gesamte Organisation das Produkt nutzt und daran glaubt, können sie authentisch und leidenschaftlich mit potenziellen Kundinnen sprechen, was ihre Glaubwürdigkeit stärkt. Ihre persönliche Erfahrung erleichtert es ihnen, die Vorteile auf eine authentische Weise zu kommunizieren und verstärkt ihren Glauben an das, was sie anbieten.

Führen durch Beispiel bedeutet auch, die Verhaltensweisen zu verkörpern, die du von deinem Team erwartest. Wenn du eine Kultur des Helfens und des Erfüllens von Bedürfnissen fördern möchtest, musst du genau das selbst tun. Die Art und Weise, wie du dein Geschäft angehst – ob du dich auf schnelle Verkäufe konzentrierst oder wirklich anderen hilfst – bestimmt den Ton für deine Organisation. Darüber hinaus stärkt das Führen durch Vorbild dein Selbstvertrauen und deinen Glauben an deine Arbeit.

4. Kommunikation

Kommunikation ist entscheidend, denn Network Marketing ist ein Geschäft mit Menschen. Wir arbeiten mit und für Menschen, und viele Herausforderungen entstehen durch schlechte Kommunikation. Um dem entgegenzuwirken, verwende ich ein gestuftes Kommunikationssystem, das auf Einfachheit ausgerichtet ist.

EBENEN DER KOMMUNIKATION

Erinnerst du dich an die drei Phasen, die wir zu Beginn des Buches besprochen haben – Hoffnung, Glaube und Wissen? Jede Phase erfordert einen spezifischen Ansatz, um sicherzustellen, dass die Vertriebspartnerinnen die richtigen Informationen erhalten, um ihr Geschäft auf die nächste Stufe zu heben. Dies wird durch unterschiedliche Kommunikationsebenen erreicht.

- **Massenkommunikation:**

Diese Ebene beinhaltet ein einziges, **leicht zugängliches Tool, über das die gesamte Organisation** wesentliche Nachrichten und Informationen erhält. Ob es sich um einen Community-Chat, ein vom Unternehmen bereitgestelltes Tool oder Bildungsressourcen wie dieses Buch handelt – das Ziel ist sicherzustellen, dass jeder Zugang zu den grundlegenden Ressourcen hat, die sie für den Aufbau ihres Geschäfts benötigt. Themen sollten beinhalten: wie man erfolgreich startet, wie man die ersten Kundinnen gewinnt und wie man die Duplikation am Laufen hält. Diese Massenkommunikation verhindert den "Stille-Post-Effekt", bei dem Nachrichten verzerrt weitergegeben werden. Klare, konsistente Kommunikation sorgt für Ausrichtung innerhalb der Organisation. Die meisten Personen, die diese Kommunikation empfangen, befinden sich noch in der Phase der Hoffnung, die wir zuvor im Buch besprochen haben.

- **Leader Calls:**

Wenn Vertriebspartnerinnen beginnen, ihre eigenen Teams aufzubauen und von der Phase der Hoffnung zur Phase des Glaubens übergehen, benötigen sie eine andere Art der Kommunikation. Ich nenne sie Leader Calls. Diese sind gezielter und persönlicher und richten sich darauf, **aufsteigende Führungskräfte zu identifizieren und zu fördern.** Dies ist auch ein wichtiger Moment für dich als Top-Führungskraft, um mit den sich entwickelnden Führungskräften in Verbindung zu treten, ihnen spezifische Ratschläge, Anleitung und Ermutigung zu bieten. Im Gegensatz zur Massenkommunikation ist dies auf diejenigen zugeschnitten, die Führungspotenzial zeigen, mit einem Fokus auf Wachstum und Entwicklung.

- **Inner-Circle-Kommunikation:**

Die letzte Ebene ist das, was ich den "Inner Circle" – den inneren Kreis – nenne. Dies ist die Kerngruppe von Führungskräften, mit denen du am engsten zusammenarbeitest: dein A-Team. **Diese Personen sind einflussreich, hochmotiviert und bilden das Rückgrat deines Unternehmens**. Ich halte wöchentliche Video-Calls mit meinem Inner Circle ab, um Strategien, Herausforderungen und Lösungen zu besprechen und sicherzustellen, dass alle auf dem gleichen Stand sind. Die Duplikation geschieht hier: Jedes Mitglied deines Inner Circle hat seinen eigenen Inner Circle, und sie werden die Erkenntnisse aus deinem Treffen an ihre Teams weitergeben, wodurch eine Welle von Informationen durch die gesamte Organisation geht.

Effektive Kommunikationsstrukturen stellen sicher, dass jede, von der neuesten Rekrutin bis zur erfahrenen Vertriebspartnerin, zeitnahe und präzise Informationen erhält. Konsistenz in der Kommunikation hilft, Missverständnisse zu vermeiden und sorgt dafür, dass die gesamte Organisation mit ihren Zielen und Strategien in Einklang bleibt. Die Implementierung dieser Kommunikationsstufen fördert Einheit, Zielstrebigkeit und Klarheit innerhalb deines Teams und bereitet den Boden für Duplikation und Wachstum.

5. **Die Perlen Finden**

Das Erkennen der Führungskräfte oder “Perlen” innerhalb deiner Organisation ist entscheidend, um Hebelwirkung zu erzielen und langfristiges Wachstum im Network Marketing zu sichern. Es gibt zwei Hauptstrategien, die ich verwende, um diese potenziellen Führungskräfte zu identifizieren und zu fördern.

- **Probezeit**

Die ersten 60 bis 90 Tage mit einer neuen Vertriebspartnerin sind ein kritisches Zeitfenster. In dieser Zeit konzentriere ich mich darauf, ihnen zu helfen, ihre ersten Erfolge zu erzielen und greifbare Ergebnisse zu sehen. Der Schlüsselfaktor, den ich in dieser Phase suche, ist Zuverlässigkeit. Wenn wir einen Termin vereinbaren, erwarte ich, dass sie ihn einhält.

Mein Engagement entspricht ihrem – wenn sie erscheint, erscheine auch ich.

Ich investiere während dieser ersten Tage viel in neue Vertriebspartnerinnen, aber sie müssen zeigen, dass sie diese Investition wert sind. Wenn eine neue Vertriebspartnerin voll engagiert ist – konsequent ihre Verpflichtungen einhält, Fragen stellt und proaktiv bleibt – signalisiert dies, dass sie den Antrieb hat, im Network Marketing erfolgreich zu sein. Zum Beispiel, wenn sie häufig anruft, um Fragen zu stellen, zeigt dies Enthusiasmus und Potenzial. Andererseits, wenn sie nicht verlässlich ist, biete ich zwar weiterhin Unterstützung durch die oben erwähnten etablierten Kommunikationskanäle, um sicherzustellen, dass sie Zugang zu allen Informationen hat, die sie für den Aufbau des Geschäfts benötigt. Allerdings investiere ich meine Zeit und Energie nicht in Vertriebspartnerinnen, die nicht zuverlässig sind.

- **Perlentauchen**

Die zweite Strategie besteht darin, die Tiefe meiner Organisation durch Backoffice-Tools zu überwachen, die von den meisten Network-Marketing-Unternehmen bereitgestellt werden und die Verkaufszahlen sowie die Leistung der Vertriebspartnerinnen verfolgen. Durch regelmäßige Überprüfung dieser Daten kann ich Personen identifizieren, die herausragen und außergewöhnliche Ergebnisse erzielen. Sobald sie identifiziert sind, nehme ich Kontakt auf, um zusätzliche Anleitung und Unterstützung anzubieten, um ihr Wachstum zu beschleunigen.

Zum Beispiel habe ich einmal mit einem Vertriebspartner zusammengearbeitet, der durch Entschlossenheit und Handlungsbereitschaft beeindruckende Ergebnisse erzielte. Das Potenzial erkennend, bot ich an, ihm dabei zu helfen, Führungsfähigkeiten zu entwickeln und das Geschäft weiter auszubauen. Diese Unterstützung ermöglichte es diesem Vertriebspartner, nicht nur zu wachsen, sondern auch Führung innerhalb seines Teams zu duplizieren, was zum Gesamtwachstum der Organisation beitrug.

Im Network Marketing sagen wir oft: "Fördere das Wachstum deiner Partner, denn sie sind der Schlüssel zum Wachstum deines Geschäfts." Wenn du eine "Perle" findest, ist es deine Aufgabe, sie zu schulen, zu unterstützen und zu fördern, damit sie zur eigenständigen Führungskraft wird. Sobald sie beginnt, Führung zu übernehmen und das Geschäft unabhängig weiter auszubauen, passiert Duplikation, und deine Organisation erlebt exponentielles Wachstum.

Leadership in der Stufe des Profis

Einer der Schlüsselfaktoren, um die Stufe des Profis zu meistern und in die Stufe der Unternehmerin aufzusteigen, ist die Entwicklung echter Führungskompetenz. Im Network Marketing ist jede Vertriebspartnerin selbstständig. Niemand muss arbeiten - sie sind da, weil sie es wollen, nicht weil sie es müssen. Und genau deshalb ist Führung so wichtig: In diesem Geschäft folgen die Menschen dir, weil sie sich bewusst dafür entscheiden, nicht weil sie es müssen. Um effektiv zu führen, musst du einen Führungsstil entwickeln, **der Menschen dazu inspiriert, dir zu folgen**. Das erfordert, dass du die Werte auch lebst, die du in deiner Organisation sehen möchtest. Wir haben bereits die Bedeutung von Werten besprochen, aber es lohnt sich, dies zu wiederholen: Die Werte, die du verkörperst, werden von den Menschen, die du anziehst, gespiegelt. Im Network Marketing ist das Gesetz der Anziehung real – deine Organisation wird die Qualitäten widerspiegeln, die du vorlebst.

Der erste Schritt, um echte Führungskompetenz zu entwickeln, besteht darin, dir klar zu werden, welche Art von Kultur du in deiner Organisation fördern möchtest und welche Art von Führungskraft du sein möchtest. Ich verwende gerne den Begriff “**bewusstes Leadership**“.

Bewusstes Leadership im Network Marketing bedeutet, mit Intention, Selbstreflexion und Klarheit zu führen. Es beginnt damit, dass du dich selbst führst. Wenn du dir deiner eigenen Führung nicht bewusst bist, wirst du dich möglicherweise in Situationen wiederfinden, in denen du dich von Emotionen leiten lässt, anstatt mit Klarheit und Gewissheit zu reagieren. Diese Klarheit schafft ein Gefühl der Sicherheit innerhalb deines Teams und bildet einen "Windschatten" hinter dir – einen Raum, in dem sich Vertriebspartnerinnen sicher fühlen, zu wachsen und selbst zu Führungskräften zu werden. Wenn du bewusst und mit Sicherheit führst, gibst du anderen die Kraft, dasselbe zu tun, wodurch eine Kettenreaktion in deiner Organisation entsteht.

Beim Leadership geht es nicht darum, Menschen zu kontrollieren; es geht darum, ein kraftvolles Beispiel zu setzen, das andere dazu inspiriert, ihr eigenes Potenzial zu entfalten.

Als Trainer von Profiteams, darunter Weltmeister und Olympiasieger, war der Druck, Ergebnisse zu liefern, immer immens. In diesen hochkritischen Umfeldern ist es üblich, Kritik zu erfahren – Menschen hinterfragen deine Methoden und die Leistung des Teams, suchen nach dem, was schiefgelaufen ist. Eine meiner wichtigsten Strategien als Trainer war es, das Team zu schützen und den gesamten Druck, die Kritik und die Schuld selbst zu tragen. Wann immer die Dinge nicht wie geplant liefen oder wir die erwartete Leistung nicht erbrachten, übernahm ich die volle Verantwortung für das Scheitern. Es war mir eine Priorität, das Team vor externem Druck zu schützen, sodass sich die Athleten auf ihre Leistung konzentrieren konnten, ohne Angst vor Schuldzuweisungen zu haben.

Auf der anderen Seite habe ich, wenn wir Erfolg hatten – sei es bei Interviews, bei der Medienberichterstattung oder bei anderen Formen der Anerkennung – immer das Lob und das positive Feedback an das Team weitergegeben. Es ging nie um mich; es ging immer darum, den Athleten zu profilieren und ihrer harten Arbeit Anerkennung zu zollen.

Diese gleiche Strategie hat mir im Network Marketing außergewöhnlich gute Dienste geleistet. Wenn etwas schiefgeht, **übernehme ich die Verantwortung** für die Fehler und schütze mein Team vor unnötiger Kritik. Aber wenn Erfolg erzielt wird, stelle ich sicher, dass die Anerkennung den Führungskräften und dem Team gebührt. Wenn ich stark genug bin, die **Schuld zu übernehmen**, und großzügig genug, den **Erfolg zu teilen**, schaffe ich eine gesunde und motivierende Teamdynamik. Bewusst mit dieser Herangehensweise umzugehen hat mir auch geholfen, ein größeres Bewusstsein dafür zu entwickeln, wie man mit Feedback – sowohl positivem als auch negativem – umgeht. Es hat mir ermöglicht, herausfordernde Situationen in Chancen für Wachstum umzuwandeln und eine starke Teamzusammengehörigkeit und gegenseitiges Vertrauen zu fördern.

Der letzte Aspekt von Leadership im Network Marketing, den ich hervorheben möchte, **ist die Fähigkeit, bei Konflikten zu vermitteln und sie zu lösen**. Wie bereits erwähnt, arbeiten wir mit Menschen, und wann immer viele Individuen zusammenkommen, treten auch die Dynamiken des menschlichen Verhaltens auf. Persönliche Entwicklung und das Fördern von Fülle-Denken sind entscheidende Teile des Weges im Network Marketing, aber diese Eigenschaften sind nicht angeborene, sie entwickeln sich erst im Laufe der Zeit.

Eines der größten Hindernisse in dieser Branche ist das Ego. Wenn Egos zu groß werden, folgen oft Konflikte. Das kann zu einer ernsthaften Herausforderung werden, wenn du gerade dabei bist, eine gesunde, florierende Organisation aufzubauen. Als Führungsperson bedeutet es, einen Schritt nach vorn zu machen und **die Fähigkeiten zu erlangen, Konflikte wirksam zu lösen**. Es ist wichtig zu verstehen, dass das anstrengend sein kann, ähnlich wie das Management eines Haushalts voller Teenager – jede mit ihren eigenen Emotionen, Wünschen und Herausforderungen.

Ohne starke Konfliktlösungsstrategien könnte deine Organisation zersplittern – es entstehen zu viele “Teams innerhalb des Teams“. Diese Abkapselung kann die Duplikation verlangsamen und das Wachstum zum

Stillstand bringen. Durch deine Fähigkeiten, Konflikte wertschätzend zu begleiten, stellst du sicher, dass dein Team vereint, fokussiert und auf dem Weg zu kontinuierlichem Wachstum und Erfolg bleibt.

Oft höre ich, dass sich Menschen mit folgenden Worten vorstellen: "Ich bin X und ich bin Diamond Leaderin in meinem Unternehmen." Ich glaube jedoch nicht, dass man sich selbst zur Führungsperson ernennen kann. Du kannst dich selbstverständlich selbst führen, doch der Titel "Leaderin" muss dir von anderen verliehen werden. Für mich hat das Wort "Leaderin" einen enormen Stellenwert, und es ist nichts, das man sich einfach selbst zuschreiben kann.

Eine Frage, die mir oft von Vertriebspartnerinnen gestellt wird, die die Stufe des Profis erreicht haben, lautet: "Wie weiß man, wann der richtige Zeitpunkt gekommen ist, den Job zu kündigen und Vollzeit Network Marketerin zu werden?"

Es ist eine häufig gestellte Frage, und die Antwort ist nicht einfach; es gibt keine pauschale Antwort. Ich erinnere mich an ein Gespräch mit einem Freund, der mich fragte: "Falko, wann ist der richtige Zeitpunkt, um Vollzeit einzutauchen?" Ich antwortete: "Laut Theorie solltest du dann in Erwägung ziehen, Vollzeit zu arbeiten, wenn dein Network-Marketing-Einkommen doppelt so hoch ist wie dein derzeitiges Gehalt. Auf diese

Weise kannst du, wenn du deinen Job verlässt, deinen Lebensstandard beibehalten, ohne finanzielle Belastungen zu erleben."

In Wahrheit läuft die Entscheidung auf dein Bauchgefühl hinaus. Nur du weißt, wann du wirklich bereit bist, diesen Sprung zu wagen. Nach meiner Erfahrung ist es so: Wenn sich Menschen voll und ganz dem Network Marketing verschreiben und ihre bisherigen Jobs hinter sich lassen, beginnt ihr Business meist richtig abzuheben. Aus der vollen Konzentration entsteht mehr Energie, und wo Energie fließt, folgen die Ergebnisse.

Vielleicht fragst du dich, warum du nicht einfach von Anfang an deinen Job kündigen und voll ins Network Marketing einsteigen solltest?

Als ich mit meinem zweiten Network-Marketing-Geschäft anfing, hatte ich keinen traditionellen Job. Ich arbeitete also von Anfang an Vollzeit, aber ich hatte absolut keine Sicherheit, wie viel Geld ich jeden Monat verdienen würde. Alles, was ich hatte, waren einige Ersparnisse und den Glauben an mich selbst und an das Geschäft. Ich glaubte daran, dass ich es durchziehen würde. Dennoch muss ich zugeben, dass es eine anspruchsvolle Zeit für mich und meine Familie war, und ich weiß, dass nicht jeder dafür gemacht ist. Aber diejenigen, die in der Lage sind, mit diesem Stress und Druck umzugehen, könnten möglicherweise schneller Erfolg haben, als sie es sich je vorgestellt haben.

Vertiefe dein Wissen

Um das, was ich in diesem Kapitel geteilt habe, zu begleiten, empfehle ich, dir folgende Videos (auf Englisch) anzusehen:

1. Die sieben Schritte, die ich unternommen habe, um siebenstellige Beträge mit Network Marketing zu verdienen

2. Die fünf besten Strategien, um im Network Marketing ein Team zu rekrutieren und aufzubauen

KAPITEL SIEBEN

DIE STUFE DER UNTERNEHMERIN

Zunächst einmal herzlichen Glückwunsch! Das Erreichen der Stufe der Unternehmerin im Network Marketing ist eine bedeutende Leistung und etwas, worauf die meisten Networkerinnen hinarbeiten. Als Vertriebspartnerin bedeutet es, dass du ein stabiles passives Einkommen geschaffen hast, das dir wahre Freiheit der Wahl ermöglicht. Du hast nun die Fähigkeit zu entscheiden, wo, mit wem und womit du deine Zeit verbringen möchtest. Dies ist das ultimative Ziel für viele im Network Marketing – ein Leben, das von Freiheit, Flexibilität und den Früchten deiner harten Arbeit geprägt ist.

Jetzt besitzt du das Unternehmen.
Nicht das Unternehmen dich.
Das ist die größte Veränderung auf der Stufe der Unternehmerin.

Diese Stufe markiert einen Wendepunkt. Du hast die Phase des täglichen Aufbaus deines Unternehmens hinter dir gelassen. Nun verlagert sich dein Fokus darauf, die Systeme, die du etabliert hast, aufrechtzuerhalten und zu skalieren, Führungspersonen zu leiten und sicherzustellen, dass deine Organisation auch ohne dein ständiges Zutun weiterhin gedeiht.

An diesem Punkt hast du ein Geschäft aufgebaut, das von seiner eigenen Dynamik angetrieben wird – getragen durch die Führungspersonen, die du entwickelt hast, und die Systeme, die du eingeführt hast.

Für viele ist die Stufe der Unternehmerin das ultimative Ziel – der Höhepunkt ihrer gesamten Reise. Für andere ist es einfach der nächste Schritt zu noch größeren Höhen. Der Hauptfokus dieser Stufe liegt darin, die Freiheit zu etablieren und zu genießen, die aus einem gut strukturierten Geschäft und echtem passivem Einkommen resultiert. Dein Erfolg als Unternehmerin geht jedoch über finanzielle Freiheit hinaus. Dein Einfluss beginnt zu wachsen, nicht nur innerhalb deines Unternehmens, sondern auch in deinem persönlichen Leben und im Leben der Menschen um dich herum. Menschen fangen an, deinen Rat und deine Anleitung zu suchen, und damit geht ein neues Maß an Verantwortung einher. Jetzt ist Zeit, ein Fülle-Denken zu entwickeln – eine Denkweise, die es dir ermöglicht, grenzenlose Möglichkeiten und Wachstumschancen zu erkennen, sowohl für dich selbst als auch für jene, die du führst.

In diesem Kapitel schauen wir uns an, was es bedeutet, voll und ganz in die Stufe der Unternehmerin einzutreten. Du wirst über die Reise reflektieren, die dich hierhergeführt hat, und beginnen, für den nächsten Wachstumsschritt zu planen. Du hast ein starkes, funktionierendes

System aufgebaut, indem du selbstbewusste Führungskräfte in deiner Organisation entwickelt hast. Als Unternehmerin kennst du die Zahlen deines Geschäfts. Dadurch wird es planbar, skalierbar und profitabel.

Hier führst du dein Geschäft auf ein neues Level und stellst sicher, dass das Passiveinkommen, das du aufgebaut hast, dir weiterhin die Freiheit schenkt, für die du so hart gearbeitet hast.

Kenne deine Zahlen

Als Unternehmerin ist es wichtig, auch wie eine zu handeln – und dazu gehört, dich mit Zahlen anzufreunden. Lerne, Zahlen zu lieben, denn Zahlen sagen die Wahrheit. Auf der Stufe der Unternehmerin ist es unerlässlich, dass du die Zahlen deines Geschäfts lesen und verstehen kannst. Diese Zahlen geben dir Klarheit über die Entwicklung deines Unternehmens und verschaffen dir einen Überblick darüber, wie sich die verschiedenen Organisationen und Bereiche entwickeln.

Hier kommt die Ähnlichkeit zum Spitzensport ins Spiel. Im Sport sind Zahlen die Grundlage für Fortschritt und langfristigen Erfolg. Du verwendest ein sogenanntes Trainingstagebuch, um alles zu verfolgen, was du tust. Du notierst jedes Kilo, das du hebst, wie viele Sätze du absolviert hast, jeden Meter, den du läufst, und wie viele mentale Trainingseinheiten du abgeschlossen hast – du trackst alles. Am Ende jeder Saison analysierst und vergleichst du: Das habe ich getan, das ist das Ergebnis, das ich erzielt habe. Und das sind die Anpassungen, die ich vornehmen muss, um in Zukunft bessere Ergebnisse zu erzielen. Es ist ein System, das auf Zahlen, Prozentsätzen und Daten basiert, aber es ist entscheidend, um Fortschritte zu verfolgen und effektiv für den zukünftigen Erfolg zu planen.

Dieser Ansatz gilt auch für Network Marketing. Genau wie im Sport musst du deine Zahlen kennen. Du musst verstehen, wie du Ergebnisse in der Vergangenheit erzielt hast, um Anpassungen vornehmen zu können und dich zu verbessern. Wenn etwas nicht funktioniert, gehst du einen anderen Weg und versuchst etwas Neues. Wenn es funktioniert, wird das dein neuer Standard. Im Sport nennt man diesen Prozess die "Feedbackschleife"; in der Wirtschaft ist er bekannt als das **Kaizen-Prinzip – die Praxis der kontinuierlichen Verbesserung.**

Am Ende des Tages sind die Zahlen das Einzige, worauf du dich wirklich verlassen kannst. Alles andere – ob Bauchgefühl, Schätzen oder Hoffen – hat nicht die Klarheit, die Zahlen bieten. Auch wenn es gut ist, ein Gefühl dafür zu haben, wohin sich dein Geschäft entwickelt, musst du es immer mit Zahlen untermauern. Die Zahlen zeigen, ob deine Strategien funktionieren oder nicht. Mit dem Kaizen-Prinzip setzt du laufend neue Standards, um deine Arbeitsweise zu verbessern, wodurch dein Geschäft effektiver und effizienter wird und es neue Dimensionen erreicht.

Ein Mensch von Interesse werden

In der Stufe der Unternehmerin bist du nicht mehr selbstständig – du hast dein Geschäft so weit aufgebaut, dass es nicht mehr dich besitzt, sondern du das Geschäft besitzt. Du bist eine Meisterin deines Faches geworden, erzielst beachtliche Einnahmen und hast gleichzeitig die Freiheit gewonnen, das Leben nach deinen eigenen Vorstellungen zu leben. Jetzt entscheidest du, wann, wo und mit wem du deine Zeit verbringst, weil finanzielle Freiheit und Cashflow keine Herausforderungen mehr darstellen. Du hast etwas geschaffen, das es dir ermöglicht, wahre Unabhängigkeit zu genießen, und Menschen innerhalb und außerhalb deiner Organisation beginnen nicht nur deinen Erfolg anzuerkennen, sondern auch die Person, die du auf dieser Reise geworden bist.

Eine Person von Interesse und Einfluss zu werden, bringt auch **größere Verantwortung** mit sich. Wenn du an Sichtbarkeit gewinnst – sei es innerhalb deines Unternehmens oder deiner Branche oder sogar darüber hinaus – beginnen Menschen, jede deiner Bewegungen zu beobachten. Damit geht auch das Bewertetwerden einher, im Positiven wie im Negativen. Aber auf deinem Weg zur Network Marketing Mastery hast du ein klares Verständnis dafür entwickelt, wer du bist und welche Werte du mit Integrität lebst.

Als ich Assistenztrainer für die deutsche Nationalmannschaft war, gab ich gelegentlich Interviews im Fernsehen. Ich habe immer versucht bei diesen Interviews intelligent zu klingen “das Richtige“ zu sagen. Doch irgendwann erhielt der Fernsehsender negatives Feedback. Die Produzenten kamen auf mich zu und sagten: “Falko, wir müssen an deinen Interviews arbeiten. Die Zuschauerinnen reagieren nicht gut.“

Unsicher darüber, was ich tun sollte, erzählte ich meiner Mutter von dieser Erfahrung. Sie gab mir eine Lektion, die ich seitdem immer mit mir trage. Sie sagte zu mir: “Falko, ganz gleich, was du im Leben tust, du wirst immer fünf verschiedene Reaktionen bekommen. Die erste Gruppe wird lieben, was du tust. Die zweite wird es okay und akzeptabel finden. Die dritte Gruppe bleibt neutral und gleichgültig. Die vierte Gruppe wird es nicht mögen, und die fünfte wird es hassen. Das ist bei allem so, was du im Leben tust – egal, wie sehr du dich bemühst.“

Dann sagte sie weiter: “Deshalb solltest du immer du selbst bleiben. Lebe mit Integrität und bleib deinen eigenen Werten treu. Sei authentisch, auch in deinen Interviews. Versuch nicht, es allen recht zu machen, sei einfach du selbst. Du wirst so oder so alle fünf Reaktionen bekommen.“

Ich nahm ihren Rat zu Herzen und beschloss, bei meinen folgenden Interviews einfach ich selbst zu sein. Das Ergebnis war erstaunlich. Die Zuschauerinnen reagierten viel positiver, und das Problem war gelöst.

Diese Erfahrung lehrte mich die **Kraft der Authentizität**. Seit diesem Zeitpunkt wende ich sie auf alles an, was ich tue. Die Lektion, die ich gelernt habe: Bleib dir stets selbst treu. Du wirst die richtigen Menschen anziehen, die mit deinen Werten in Einklang stehen, und du wirst aufhören, es allen recht machen zu wollen. Wenn du authentisch bist, ziehst du ganz natürlich diejenigen an, die mit deinem Denken, deinen Worten und deinem Handeln in Resonanz gehen.

Die Entwicklung des Fülle-Denkens

Fülle-Denken ist das Gegenteil von Mangel-Denken. Beim Mangel-Denken liegt der Fokus darauf, sich das größte Stück vom Kuchen selbst zu sichern. Der Übergang zum Fülle-Denken bedeutet hingegen, zu erkennen, dass Ressourcen unendlich sind – es gibt genug für alle. Es geht nicht darum, den größten Anteil für sich zu beanspruchen. Es geht darum, Gelegenheiten zu schaffen, in denen du andere stärken und unterstützen kannst und darum, mit deinem Einfluss einen echten Unterschied zu machen – den Kuchen sozusagen für alle größer zu machen.

Fülle-Denken kommt von innen. Wenn du dir der Fülle um dich herum bewusst wirst, beginnst du, Fülle auch in dir selbst zu kultivieren. Dieser Wandel ermöglicht es dir, **wahre Freiheit** in den drei Säulen des Lebens zu erleben: **Gesundheit, Wohlstand und Zeit**. Du beginnst, in allen Aspekten deines Lebens Fülle und Überfluss zu spüren. Die Angst vor dem "Was wäre, wenn…" oder dem Verpassen von Chancen verschwindet. Stattdessen entwickelst du einen tiefen Glauben an dich selbst, der es dir ermöglicht, ein Leben voller Glück, Erfüllung und echter Freiheit zu führen.

Aber warum wächst dieser Glaube an dich selbst so stark?

Wenn du die Stufe der Unternehmerin erreicht hast, hast du bereits alles geschafft – du hast ein Geschäft aus dem Nichts aufgebaut. Auf dem Weg dorthin hast du unzählige Strategien gelernt, Rückschläge erlebt und jede Herausforderung überwunden. Du hast alles gemeistert, was nötig war, um dein Geschäft bis zu dieser Stufe zu bringen. Mit all dieser Erfahrung und diesem Wissen beginnt sich ein unerschütterlicher Glaube an dich selbst zu formen. Du weißt ohne jeden Zweifel, dass du, egal was das Leben dir entgegenwirft, es jederzeit wieder schaffen kannst.

Dies ist dein letzter Übergang in die **Phase des Wissens.** Dieses tiefe Vertrauen in dich selbst nimmt dir die Angst vor Verlust oder die Sorge, etwas zu verpassen, denn du weißt, dass du deine größte Ressource bist. Du hast die Fähigkeiten, die Resilienz und die Findigkeit, um allem zu begegnen, was das Leben dir präsentiert. Ganz gleich, was auf dich zukommt, du wirst einen Weg finden, es in eine Gelegenheit zu verwandeln und erfolgreich zu meistern. Dieser Glaube befreit dich von Angst und lässt dich dein Leben in vollen Zügen leben und die Fülle um dich herum annehmen. Du bist erfüllt mit der Klarheit und der Sicherheit, dass alles, was du brauchst, in dir steckt.

Also, wie entwickelst du ein Fülle-Denken?

Die Antwort liegt in deiner Reise zur Network Marketing Mastery – darin, persönlich zu wachsen, während du beruflich wächst. Wenn du dich durch die Stufen bewegst und in deine Entwicklung investierst, wird das Fülle-Denken sich ganz von selbst einstellen. Irgendwann wird es "klick" machen – du wirst das größere Bild sehen und die Fülle, die dich umgibt, erkennen und mit offenen Armen annehmen.

Die nächste Stufe deines Unternehmens

Du hast einen Punkt erreicht, an dem du wahre Freiheit der Wahl für dich geschaffen hast. Du kannst genau entscheiden, wie du deine Zeit verbringen möchtest. Wenn du reisen willst, kannst du das. Wenn du expandieren möchtest, kannst du das. Wenn du dir das neue Auto oder das neue Haus kaufen möchtest, kannst du das. Du bestimmst, wie du dein Leben lebst, und das ist eine unglaubliche Errungenschaft.

Es hat harte Arbeit gekostet, bis hierher zu kommen, aber du bist eine Macherin, und Macherinnen suchen immer nach dem nächsten Level. Jetzt, in der Stufe der Unternehmerin, hast du die Gelegenheit, dich erneut weiterzuentwickeln. Du hast dein Geschäft so weit aufgebaut, dass es beachtliche Umsätze generiert und du sehr gut verdienst. Dies ist deine Chance, vom U-Quadranten im Cashflow-Quadranten von Robert Kiyosaki in den I-Quadranten zu wechseln, um Möglichkeiten wie Immobilien oder den Aktienmarkt zu erkunden und zusätzlich lukrative Einkommensquellen zu schaffen.

Wenn du diese Stufe erreichst, beginnst du, größer zu denken und deinen Horizont zu erweitern. Du hast bereits ein großes Ziel erreicht: ein Geschäft aufzubauen, das residuales Einkommen generiert und es dir ermöglicht, dich aus der täglichen Arbeit zurückzuziehen. Jetzt hast du den Raum, mehr zu tun.

Dies ist der Moment, in dem du in die letzten beiden Phasen der Network Marketing Mastery eintreten kannst, deine Perspektive erweiterst und neue Chancen erkundest. Mit einem bereits erfolgreichen Geschäft bist du nun in der Lage, größer zu denken und noch mehr zu erreichen. Dies wird es dir ermöglichen, etwas an die Gesellschaft und die Welt zurückzugeben, was zu einem tieferen Gefühl von Glück und Erfüllung führt.

Vertiefe dein Wissen

Um das, was ich in diesem Kapitel geteilt habe, zu ergänzen, empfehle ich dir, dir die folgenden Videos (auf Englisch) anzusehen:

1. Warum Network Marketing mehr als nur ein Geschäft ist – es verändert das Leben

2. Network Marketing verändert sich – Lerne, wie du gewinnst

KAPITEL ACHT

DIE STUFE DER MENTORIN

Die Reise zur Network Marketing Mastery umfasst zwei letzte Stufen, die nur 1-2 % der Menschen jemals erreichen. Die Stufe der Mentorin ist die erste dieser zwei Stufen und markiert einen bedeutenden **Übergang von Erfolg zu Erfüllung**. In dieser Phase liegt der Fokus darauf, dein Wissen zu teilen und das Wachstum anderer zu fördern.

In den früheren Stufen – von der Stufe der Geburt bis zur Stufe der Unternehmerin – ging es darum, dein Geschäft aufzubauen und persönlichen Erfolg zu erreichen. Sobald du die Stufe der Unternehmerin erreichst, hast du ein nachhaltiges Einkommen etabliert und musst nicht mehr Zeit gegen Geld tauschen. Dein Geschäft wächst weiter, selbst ohne ständige Beteiligung deinerseits.

Persönlicher Erfolg allein bringt jedoch nicht immer Erfüllung. Die Stufe der Mentorin bedeutet den **Übergang vom Erfolg zu einem tieferen Sinn für Ziel und Zweck**. Ich bin überzeugt, dass der Sinn unseres Daseins darin liegt, über uns hinauszuwachsen und unser Potenzial zu entfalten. Indem wir mehr werden, können wir einen größeren Beitrag leisten, der uns mit Sinn und echter Erfüllung beschenkt.

Lass mich eine Erkenntnis aus meiner Erfahrung als Trainer teilen. Nachdem unser Team 2010 bei den Olympischen Spielen in Vancouver und erneut 2011 bei den Weltmeisterschaften in Oslo Gold gewonnen hatte, setzte ich mir ein neues persönliches Ziel: einem einzelnen Athleten zu helfen, der Beste der Welt in dem zu werden, was er tut. Für mich bedeutete das, jemandem zu helfen, eine Einzel-Goldmedaille bei Weltmeisterschaften oder Olympischen Spielen zu gewinnen.

Ich arbeitete unermüdlich auf dieses Ziel hin – so sehr, dass die Menschen um mich herum begannen, mich zu warnen, langsamer zu machen. Sie sagten mir, ich liefe Gefahr, auszubrennen. Doch ich war getrieben, fokussiert auf mein Ziel und fest entschlossen, es zu erreichen. Schließlich zahlte sich, im Jahr 2015, all die harte Arbeit aus. Einer meiner Athleten wurde Weltmeister bei den Nordischen Ski-Weltmeisterschaften in Falun.

Jedoch, anstatt die Freude und Erfüllung zu erleben, die ich erwartet hatte, fühlte ich eine unerwartete Leere. Einige Jahre später erkannte ich, woher diese Leere kam. Der Gewinn dieser Goldmedaille brachte mir nicht die Erfüllung, nach der ich gesucht hatte, obwohl ich mein Ziel erreicht hatte. Die Wahrheit war, dass mein Ziel nicht wirklich darin bestand, dem Athleten zum Erfolg zu verhelfen – es ging mir darum, mir selbst zu beweisen, dass ich in der Lage war, jemanden zu trainieren, eine Goldmedaille als Einzelsportler zu gewinnen. Weil mein Fokus auf meinem eigenen Erfolg lag und nicht auf dem tieferen Sinn des "Beitragens", fühlte sich der Sieg einfach nur an, wie ein weiterer Haken auf der ToDo-

Liste. Es fehlte der Sinn, die Freude und das Glücksgefühl, das ich mir erhofft hatte. Diese Erfahrung lehrte mich, dass **wahre Erfüllung nicht nur aus persönlichem Erfolg kommt**. Sie **entsteht aus dem echten Wunsch**, anderen zu helfen, erfolgreich zu sein, gemeinsam mit ihnen zu wachsen und einen Sinn jenseits der Selbstbestätigung zu finden.

Ich erkannte also etwas Wesentliches: Erfolg ohne Erfüllung kann sich leer anfühlen. Dieser Moment lehrte mich, dass das Erreichen von Zielen zwar wichtig ist, wahre Erfüllung jedoch aus persönlichem Wachstum und dem Beitrag zum Erfolg anderer kommt.

Einer der lohnendsten Aspekte der Stufe der Mentorin ist die Möglichkeit, der Network-Marketing-Community etwas zurückzugeben. Sei es, dass du deine Strategien teilst, zur erweiterten Wissensbasis beiträgst oder aufstrebenden Führungskräften als Mentorin dienst – du hast die Chance, unzählige Leben positiv zu beeinflussen.

Für alle, die dies lesen, überlegt, was Erfolg für euch bedeutet: Erfolg bedeutet nicht einfach finanziellen Gewinn. Es geht darum, ein System aufzubauen, das anderen hilft, zu wachsen; Erfüllung darin zu finden, zum Erfolg anderer beizutragen; und kontinuierlich sowohl persönlich als auch beruflich zu wachsen. Die Stufe der Mentorin ist der Moment, in dem du über den Erfolg hinausgehst, zu wahrem Sinn – der Punkt, an dem dir deine Arbeit tiefe Zufriedenheit schenkt und nachhaltige Wirkung - echten Impact - entfaltet.

Wahre Erfüllung erfahren

Viele Jahre lang stellte ich mir tiefgründige Fragen: Warum bin ich hier? Was ist mein Lebenszweck? Warum bin ich, wie ich bin? Auf meiner Suche nach Antworten, besuchte ich zahlreiche Seminare, vertiefte mich in persönliche Entwicklung und praktizierte Reflexion und Meditation. Und wie es im Leben oft geschieht: Wenn man lange genug dranbleibt, findet man schließlich, wonach man sucht.

Ich glaube, wir sind auf diesem Planeten, um Freude zu erleben, das Leben in vollen Zügen zu umarmen und die Schönheit unserer Welt und die Erfahrungen, die sie bietet, zu schätzen. Doch wahres Glück und Erfüllung kommen nicht einfach von selbst. Sie entstehen durch Wachstum und Beitrag. Im Network Marketing bieten sich uns endlose Möglichkeiten für beides. Die Branche ermöglicht kontinuierliches Wachstum, persönliche Entwicklung und die Chance, dein volles Potenzial zu entfalten. Wenn du an dir selbst arbeitest, dich Stück für Stück verbesserst, wachsen deine Fähigkeiten und Fertigkeiten. Mit diesem Wachstum kannst du noch mehr beitragen.

Ein besonders bemerkenswerter Aspekt des Network Marketings ist die Möglichkeit, einen bedeutenden Beitrag im Leben anderer zu leisten. Mit jeder Person, die du auf ihrer Reise unterstützt – indem du ihr hilfst, sich zu entwickeln und sie auf dem Weg zur Network Marketing Mastery begleitest – wirst du Zeugin, wie sie ihr Leben und das Leben ihrer Familie verbessert. Und genau dort liegt wahre Erfüllung.

Je mehr du wächst, desto mehr kannst du beitragen. Je mehr du beiträgst, desto größer wird dein Gefühl von Glück und Erfüllung. Deshalb kann es lebensverändernd sein, anderen im Network Marketing als Mentorin zur Seite zu stehen – nicht nur für sie, sondern auch für dich selbst. Es gibt dir die Chance, dieses tiefere Gefühl von Sinn zu erleben, zu wissen, dass du einen positiven Unterschied gemacht hast.

Das Schreiben dieses Buches gibt mir ein tiefes Gefühl von Glück und Erfüllung gegeben. Jede, die es in die Hand nimmt und nutzt, um ihre Lernkurve im Network Marketing zu verkürzen, ist jemand, der ich einen Beitrag leisten durfte. Vielleicht kenne ich dich nicht einmal persönlich, aber zu wissen, dass dieses Buch als Werkzeug dazu dient, der Network-Marketing-Branche etwas zurückzugeben, erfüllt mich mit großer Zufriedenheit. Der Gedanke, dass jemand da draußen – vielleicht du – durch diese Worte positiv beeinflusst wird, ist unglaublich lohnend. Es ist erfüllend zu denken, dass dieses Buch dir eine neue Perspektive oder sogar eine neue Richtung auf deiner Reise bieten könnte. Diese Möglichkeit macht den gesamten Schreibprozess für mich wirklich bedeutsam.

Die Wechselbeziehung von Geben und Nehmen

Eine weitere Möglichkeit, wahre Erfüllung durch Beitrag zu erfahren, ist das ehrliche Geben – Geben ohne jegliche Erwartung, etwas im Gegenzug zu erhalten. Dies kann viele Formen annehmen, sei es durch ehrenamtliche Arbeit, freiwillige Einsätze in deiner Gemeinde, Sportvereinen oder anderen Organisationen. Es spielt keine Rolle, ob du deine Zeit, dein Geld oder beides investierst. Wichtig ist, dass du von Herzen gibst. Wahres Geben, ohne Erwartungen, kann dich zutiefst erfüllen.

Es ist wichtig, den Unterschied zwischen echtem Geben und dem, was ich "Tauschhandel" nenne, zu verstehen. Ich hatte einmal ein Gespräch mit einer Führungskraft im Network Marketing, die sagte, dass sie nicht mehr geben könne, weil es sie erschöpfe. Ich sagte ihr: "Wenn Geben dich erschöpft, gibst du nicht wirklich, du betreibst Tauschhandel." Tauschhandel bedeutet, dass du gibst, aber erwartest, im Gegenzug für deine Bemühungen etwas zu erhalten. Wenn du nicht bekommst, was du erwartest, entmutigt dich die Enttäuschung und zieht dir die Energie ab. Das ist es, was dich erschöpft.

Wenn du jedoch gibst, ohne etwas im Gegenzug zu erwarten – sei es Zeit, Energie oder Ressourcen – **dann ist das Geben an sich erfüllend**. Du empfindest Freude und Sinn einfach durch den Prozess des Gebens. Meine Frau ist ein perfektes Beispiel für dieses wahre Geben. Sie ist Gründungsmitglied und seit 2008 im Vorstand einer Organisation namens KINDERN EINE CHANCE, die mit sehr begrenzten Ressourcen, aber einer großen Vision gestartet ist: Schulen zu bauen und Kindern in Uganda Bildung zu ermöglichen, damit sie ein selbstbestimmteres Leben führen können.

Das steht in direktem Zusammenhang mit dem, was wir im Network Marketing tun. Wie ich bereits am Anfang dieses Buches erklärt habe, hilft dir der Aufbau eines Network-Marketing-Geschäfts letztendlich dabei, ein selbstbestimmteres Leben zu führen. In genau diesem Sinne haben wir beschlossen, 100 Prozent des Gewinns aus dem Verkauf dieses Buches an KINDERN EINE CHANCE zu spenden, um Kindern in Uganda zu helfen, ihr Leben nach ihren eigenen Vorstellungen zu gestalten. Besonders wichtig zu wissen ist, dass KINDERN EINE CHANCE in Europa ausschließlich mit ehrenamtlichen Helfern arbeitet. Das bedeutet, dass auch 100 Prozent aller Spenden direkt zur Unterstützung der Kinder in Uganda verwendet werden. Jede Spende fließt vollständig in die Verbesserung ihres Lebens. Das ist unser Beitrag dazu, das Leben dieser

Kinder Schritt für Schritt durch Bildung und neue Chancen nachhaltig zu verändern.

Wenn du dich ebenfalls dazu berufen fühlst, die Organisation zu unterstützen, kannst du den QR-Code unten scannen, um eine Spende zu tätigen.

Egal, ob es 10, 100 oder 1.000 Euro und mehr sind – jede Spende hat einen Einfluss auf das Leben eines Kindes in Uganda.

HIER SPENDEN

Durch meine Reise im Network Marketing habe ich auch die wechselseitige Abhängigkeit von Geben und Nehmen verstanden. Es ist etwas, von dem ich oft gelesen hatte, bevor ich es wirklich begriffen und gespürt habe. Es ist ein universelles Gesetz: Je mehr du gibst, desto mehr öffnest du dich dafür, selbst zu empfangen. Sei es Erfüllung, Erfolg, Geld oder Liebe – wenn du offenherzig gibst, greifst du auf eine Energie zu, die auf ihre eigene Weise zu dir zurückkehrt.

Vielen Dank, liebe Leserin. Durch den Kauf dieses Buches hast du bereits einen Beitrag zum Leben von Kindern geleistet, die du womöglich niemals treffen wirst. Deine Unterstützung hilft dabei, einen Unterschied zu machen.

Als meine Art, dir etwas zurückzugeben, veröffentliche ich kostenlose Inhalte auf meinem YouTube-Kanal: www.youtube.com/@NetworkMarketingMastery. Hier teile ich meine neuesten Erkenntnisse zum Thema Network Marketing. Ich entwickle auch Kurse und Masterclasses, die dir dabei helfen sollen, deine Entwicklung zu beschleunigen und dich zur Network-Marketing-Mastery zu führen.

Um immer auf dem neuesten Stand mit den neuesten Tools und Strategien zu bleiben, die ich für deinen Erfolg entwickle, kannst du den QR-Code unten scannen und dich für Updates auf meiner Website anmelden.

www.NetworkMarketing-Mastery.com

KAPITEL NEUN
DIE STUFE DER WEISHEIT

Vor zehn Jahren saß ich auf der Terrasse meines Hauses und schrieb meinen Zehn-Jahres-Plan. Ich hatte eine klare Vision: In den ersten fünf Jahren würde ich mein Network-Marketing-Geschäft aufbauen, und mit dem generierten Cashflow würde ich die darauffolgenden fünf Jahre nutzen, um ein System zu schaffen, das wirklich unangreifbar ist – widerstandsfähig genug, um jede globale Veränderung zu überstehen und stärker als je zuvor hervorzugehen.

Jetzt, ein Jahrzehnt später, bleibe ich in meinem Streben unerschütterlich, aber was mich in dieser Stufe wirklich antreibt, ist, ein bleibendes Vermächtnis zu schaffen. Die Stufe der Weisheit ist der Punkt, an dem du vom Aufbau für deine eigene Lebensspanne übergehst zu der Schaffung von etwas, das die Zeit überdauern wird – etwas, das deiner Familie und den Menschen um dich herum noch lange nach deinem Ableben zugutekommt. Es geht darum, eine Grundlage zu schaffen, die finanzielle Sicherheit, Stabilität und Chancen für die Menschen, die dir am meisten am Herzen liegen, gewährleistet.

Aber der Aufbau eines Vermächtnisses geht über das bloße Sichern der Zukunft deiner Familie hinaus. Für manche bedeutet die Stufe der Weisheit auch, ein Vermächtnis innerhalb der Network-Marketing-Branche selbst zu schaffen. Hier beginnst du, deinen Einfluss über deine eigene Organisation hinaus auszudehnen. Es geht darum, anderen zu helfen, auf ihrem Weg zur Network Marketing Mastery erfolgreich zu sein, dein Wissen zu teilen und zum Wachstum der Branche weit über dein eigenes Unternehmen hinaus beizutragen.

In dieser Stufe wird dein Vermächtnis nicht nur durch finanziellen Erfolg aufgebaut, sondern auch durch die Menschen, die du beeinflusst, das Wissen, das du teilst, und die Beiträge, die du zur Network-Marketing-Community leistest. Damit hinterlässt du nachhaltige Spuren in der Branche.

In diesem Kapitel werden wir untersuchen, wie du finanzielle Stabilität sicherstellst und eine Investitionsstrategie umsetzt, die vielen Menschen weltweit geholfen hat, ihr Vermögen zu sichern und auszubauen. Auf diese Weise schaffst du ein Vermächtnis für deine Familie und darüber hinaus.

Sicherung deiner finanziellen Freiheit

Zu Beginn dieses Buches haben wir über Robert Kiyosakis Cashflow-Quadranten gesprochen. Die meisten Menschen sind weltweit im A-Quadranten, wo sie als Angestellte arbeiten. Im Network Marketing beginnt deine Reise im S-Quadranten. Durch den Aufbau deines Geschäfts, den Gewinn von Kundinnen und dem Wachstum deines Teams machst du schrittweise den Übergang vom S-Quadranten zum U-Quadranten.

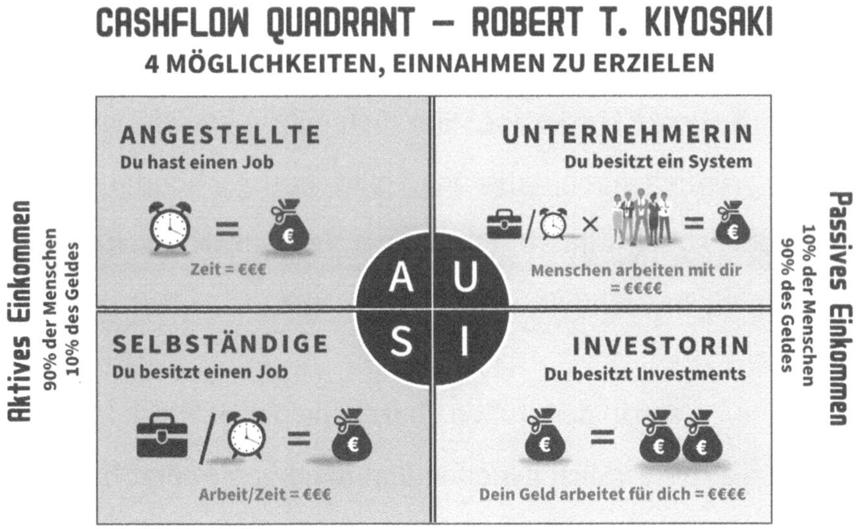

Wenn du vom linken Teil des Quadranten in den rechten Teil übergehst, wechselst du von ausschließlich aktivem Einkommen zur Generierung von passivem Einkommen. Wenn du den Punkt erreichst, an dem dein Cashflow deine persönlichen Bedürfnisse übersteigt, eröffnen sich dir noch größere Möglichkeiten.

Wenn du die neunte Stufe der Network Marketing Mastery erreichst, die Stufe der Weisheit, hast du den I-Quadranten erreicht. Hier intensivierst du deine finanzielle Bildung und entwickelst eine Strategie, um generationsübergreifenden Wohlstand für dich und deine Familie aufzubauen.

Etwas, das ich hier ansprechen möchte, ist **ein Nachteil, den ich häufig im Network Marketing sehe**. Viele Führungskräfte im Network Marketing verdienen zehntausende, vielleicht sogar hunderttausende Euro, aber sobald ihr Unternehmen in Schwierigkeiten gerät, verschwindet ihr Cashflow.

Es gab eine Person in den frühen Phasen meiner Network-Marketing-Karriere, die mir wirklich geholfen und mich unterstützt hat. Er war einer dieser Menschen in der Branche, die absurde Summen an Geld verdienten, Hunderttausende von Euro im Monat. Doch als das Unternehmen seine europäische Niederlassung schloss, war er von einem Tag auf den anderen pleite. Er war nicht gut genug ausgebildet, um mit seinem Geld richtig umzugehen oder die richtigen Schritte zu unternehmen, um ein Vermächtnis aufzubauen.

Ich habe ihn vor Kurzem getroffen, und sein heutiges Leben ist das komplette Gegenteil von dem, wie er früher lebte. Ich erinnere mich, dass er mir einmal ein Paar Schuhe zeigte, in deren Sohle sein Name eingraviert war – sie kosteten ihn rund 15.000 USD.

15.000 USD für ein Paar Schuhe! Doch als das Unternehmen plötzlich zusperrte, verlor er alles. Heute ist er geschieden und kämpft mit finanziellen Problemen. Sein gesamtes Leben ist zusammengebrochen. Wie konnte das passieren? Weil er keine finanzielle Bildung hatte und einfach nur in den Tag hineinlebte.

In den letzten acht Stufen hast du hart daran gearbeitet, dein Geschäft aufzubauen, einen gesunden Cashflow zu schaffen und ein Maß an Beitrag zu leisten, das dir Erfüllung bringt. Doch **ohne die richtige finanzielle Bildung ist es leicht, alles zu verlieren, was du dir aufgebaut hast**.

In der Stufe der Weisheit möchte ich betonen, dass es nicht ausreicht, viel Geld zu verdienen. Es ist genauso wichtig, klug mit diesem Geld umzugehen, **um deine finanzielle Zukunft abzusichern**. Finanzieller Erfolg bedeutet nicht nur Einkommen. Es geht darum, informierte Entscheidungen zu treffen, die langfristige Stabilität und Wachstum sicherstellen.

Ich hatte das Privileg, Teil der Tony Robbins Platinum Members Gruppe zu sein, und etwas, das ich dort gelernt habe, sind seine Strategien zur finanziellen Unabhängigkeit. Diese vier Prinzipien sind einfach, aber äußerst effektiv und helfen dir, eine starke Grundlage zu schaffen, von der aus du auch in Zeiten wirtschaftlicher Schwierigkeiten nachhaltigen Wohlstand aufbauen kannst.

Die vier Schlüssel zur finanziellen Fülle

1. Wie viel Geld möchtest du sparen?

Der erste Schritt besteht darin, zu entscheiden, wie viel Geld du jeden Monat sparen möchtest, und dich an diese Entscheidung zu halten. Das ist ein Versprechen, das du dir selbst gibst. Wenn du dich also entscheidest, 20 Prozent deines Einkommens pro Monat zu sparen, dann legst du genau diesen Betrag beiseite, ganz gleich, was passiert. Es geht nicht darum, im einen Monat zehn Prozent deines Einkommens zu sparen, im nächsten Monat 30 Prozent und dann den übernächsten Monat auszulassen, weil etwas anderes dazwischenkommt. Es geht erneut um Konsistenz. Ein guter Start ist, etwa zehn Prozent deines Einkommens jeden Monat zu sparen.

Im Network Marketing kannst du, wenn dein Geschäft wächst, sogar mehr sparen. Der Schlüssel hier ist, eine klare, feste Entscheidung zu treffen, der du unabhängig von den Umständen jeden Monat treu bleibst.

2. Wie wirst du dein Geld verteilen?

Wenn du dich dazu verpflichtest, Geld zu sparen, besteht der nächste Schritt darin, es auf drei Bereiche aufzuteilen: **Wachstum, Sicherheit** und **Träume**. Jeder dieser "Töpfe" erfüllt einen bestimmten Zweck: **Wachstum** ist für Investitionen mit höherem Renditepotenzial. **Sicherheit** steht für sichere, risikoarme Anlagen. Der Topf Träume bezieht sich auf persönliche Wünsche – Dinge, die du dir auf dem Weg gönnen möchtest, wie Urlaube oder Erlebnisse, die dir Freude bereiten. Eine kluge Verteilung deines Geldes auf diese drei Bereiche stellt sicher, dass du nicht nur dein Vermögen vermehrst, sondern es auch schützt und dir gleichzeitig etwas gönnst.

3. Wie hältst du dein Geld in Balance?

Da sich die Märkte ständig verändern, wird sich das Verhältnis zwischen deinem Wachstums- und deinem Sicherheitstopf im Laufe der Zeit verändern. Wenn der Markt sich gut entwickelt, wird deine Wachstumsinvestition schneller wachsen als die Investition in Sicherheit, und die Prozentsätze könnten so aus dem Gleichgewicht geraten. Zum Beispiel hast du vielleicht beschlossen, zu Beginn eine Verteilung von 60 Prozent für Wachstum und 40 Prozent für Sicherheit zu wählen, aber nach einem Jahr mit positiver Marktentwicklung könntest du feststellen, dass nun 80 Prozent deiner Investitionen im Wachstumstopf und nur mehr 20 Prozent im Topf für Sicherheit liegen.

Deshalb solltest du einmal im Jahr dein Portfolio überprüfen und es wieder auf das ursprüngliche Verhältnis von 60:40 zurückführen. Wenn sich der Markt im darauffolgenden Jahr schlecht entwickelt, könnte der Wert im Wachstumsbereich sinken, was wiederum ein Ungleichgewicht zur Folge hat. Möglicherweise hast du dann 50 Prozent im Sicherheitstopf und 50 Prozent im Wachstumstopf. Laut deinem Plan nimmst du dann diese 10 Prozent aus dem Sicherheitstopf und legst sie in den Wachstumstopf, um das ursprüngliche 60:40-Verhältnis wiederherzustellen. In wirtschaftlich schwachen Zeiten gibt es jedoch oft gute Chancen, clever zu investieren und langfristig ein

Vermögen aufzubauen.

Es ist wichtig, die Töpfe im Gleichgewicht zu halten – unabhängig von der Marktlage. Dadurch bleibt dein Vermögen im Einklang mit deinen langfristigen Zielen und du stellst sicher, dass du immer dort Geld hast, wo du es brauchst.

4. Wie genießt du dein Geld?

Der letzte Schritt ist, regelmäßig Geld aus deinem Träume-Topf zu entnehmen und zu feiern. Dieser Schritt ist besonders wichtig, weil er dich daran erinnert, warum du überhaupt so hart daran arbeitest, dein Geschäft aufzubauen. Das Leben ist da, um zu genießen, und wenn du entlang deines Weges immer wieder feierst, behältst du deine Motivation und deinen inneren Antrieb bei.

Ich finde es interessant, dass ich diese Prinzipien zur finanziellen Fülle nun von Tony Robbins gelernt habe. Besonders, da ich, als ich vor zehn Jahren begann, meinen Traum aufzubauen, die Entscheidung traf, eine "unerschütterliche" Geschäfts- und Investitionsstrategie zu schaffen. Was für ein Zufall also, dass sein Buch ausgerechnet den Titel "*Unshakeable*" trägt, ein Begriff, den man im Deutschen sowohl mit "unerschütterlich" als auch mit "unangreifbar" übersetzen kann. Ich kann dieses Buch, *UNANGREIFBAR,* sehr empfehlen, da die darin beschriebenen Prinzipien einfach zu befolgen sind, und sich für mich, nachdem ich sie in meinem Leben angewendet habe, alles verändert hat.

Unerschütterlich zu werden, dauert Jahre und ist keine Sofortlösung. Als ich Trainer wurde, verstand ich, dass der Weg vor mir lang sein würde. Ich wusste, dass es zehn, fünfzehn oder sogar zwanzig Jahre dauern könnte, bis einer meiner Athleten eine Goldmedaille um den Hals trägt. Ähnlich war es, als ich mit Network Marketing begann – mir war klar, dass auch dies kein schneller Erfolg war. Es war eine mehrjährige Verpflichtung.

Network Marketing kann dir den lukrativen Cashflow bieten, der nötig ist, um einen hervorragenden Lebensstil zu führen. Es ist jedoch ebenso wichtig zu verstehen, dass, wenn du unerschütterlich werden, generationsübergreifenden Wohlstand aufbauen und ein bleibendes Vermächtnis hinterlassen möchtest, du diese Einnahmen nutzen musst, um andere Wege zu erkunden, in deine finanzielle Bildung zu investieren und eine kluge Investorin zu werden.

Sei die Eine

Wenn du auf die jeweilige Familiengeschichte erfolgreicher Dynastien zurückblickst, findest du immer eine Person, die den Unterschied gemacht hat. Ein Individuum, das herausstach, beschloss, über sich hinaus zu wachsen, etwas Größeres als sich selbst aufzubauen und dadurch ein bleibendes Vermächtnis schuf, das den Weg der nachfolgenden Generationen veränderte.

Durch Network Marketing hast du die Möglichkeit, diese Person zu werden – diejenige, die den Lebensweg nicht nur für sich selbst, sondern auch für ihre Kinder und zukünftige Generationen verändert.

Deshalb nenne ich diese Stufe die Stufe der Weisheit. Denn bis zu diesem Punkt hast du die Weisheit erlangt, die mit dem Durchschreiten der 9 Stufen der Network Marketing Mastery einhergeht. Du hast dein wahres Potenzial entfesselt, ein Potenzial, das immer schon in dir war.

Während du diese Zeilen liest, möchte ich dich daran erinnern, dass du bereits alles in dir hast, was du brauchst, um alle 9 Stufen der Network Marketing Mastery zu durchlaufen, dein Geschäft aufzubauen, ein erfülltes Leben zu führen und generationsübergreifenden Wohlstand zu schaffen. Die Fähigkeit ist in dir. Also, egal wo du dich gerade auf deiner Reise durch die 9 Stufen der Network Marketing Mastery befindest, gehe voran, entscheide dich, verpflichte dich, ziehe es durch und ziehe den Erfolg an, den du in deinem Leben verdienst! Nicht nur für dich selbst, sondern auch für deine Kinder und für die unzähligen Menschen, deren Leben du berühren könntest, wenn du die beste Version deiner selbst wirst.

FAZIT
Schleife den Diamanten in dir!

Der Weg zum Erfolg im Network Marketing ist alles andere als geradlinig. Er entwickelt sich durch verschiedene Wachstumsstufen, die jeweils eigene Herausforderungen und Chancen mit sich bringen. Von den bescheidenen Anfängen der Stufe der Geburt, in der du auf Mentorinnen angewiesen bist und die Grundlagen lernst, bis hin zur Stufe der Weisheit, in der du als Führungskraft und Philanthropin hervorgehst – diese Reise prägt sowohl dein Geschäft als auch deine persönliche Entwicklung.

Die Stufen vom Kleinkind bis zur Schülerin festigen die grundlegenden Fähigkeiten und lehren dich die Bedeutung von Begeisterung, Lernbereitschaft und Resilienz. Während du in die Stufen des Teenagers und der jungen Erwachsenen eintrittst, tauchen die Gefahren von Ego und Überheblichkeit auf. Diese müssen mit einer professionellen Denkweise ausgeglichen werden, die auf Verantwortung und eine langfristige Vision ausgerichtet ist. Die Stufe des Profis stellt einen entscheidenden Wendepunkt dar: Hier entwickelst du dich von der Abhängigkeit von Mentorinnen hin zur vollständigen Eigenverantwortung für dein Geschäft. Du verkörperst die Werte von Führung und Systematisierung und übernimmst die volle Kontrolle über deinen Erfolg.

Das Erreichen der Stufe der Unternehmerin ist ein bemerkenswerter Meilenstein und für die meisten Menschen in der Network-Marketing-Branche das Ziel schlechthin. Hier hast du ein stabiles, selbsttragendes Geschäft mit erheblichem Cashflow aufgebaut, und deine Führungstätigkeit beginnt, andere sowohl innerhalb als auch außerhalb deiner Organisation zu inspirieren. Doch die wahre Essenz der Mastery entfaltet sich in den letzten Stufen: Mentorin und Weisheit. An diesem Punkt verlagert sich dein Fokus von persönlichem Erfolg hin dazu, andere zu befähigen, dein Wissen zu teilen und zu einer breiteren Mission des Dienens und Wirkens beizutragen, sowohl im Business als auch in der Gesellschaft. Wenn du verstehst, dass Geld die Konsequenz des Dienstes ist, den du leistest, baust du Vertrauen in den Prozess auf – Vertrauen, dass dein Geschäft weiterwachsen wird, solange du weiterhin einen Mehrwert für deine Organisation und darüber hinaus bietest.

Durch das Annehmen der 9 Stufen der Network Marketing Mastery gewinnst du das Vertrauen und die Klarheit, die du brauchst, um die

Komplexität des Geschäfts zu meistern. Ich gehe davon aus, dass du dich beim Lesen dieses Buches in einigen der beschriebenen Situationen wiedererkannt hast, sei es in deiner eigenen Reise oder den Erfahrungen deiner Vertriebspartnerinnen. Meine Hoffnung ist, dass du nun ein tieferes Verständnis für die Gründe hinter bestimmten Verhaltensweisen oder Ergebnissen entwickelt hast, und dir dieses Verständnis ermöglicht, deinen Weg mit mehr Klarheit und Einblick zu steuern.

Zum letzten Mal möchte ich betonen, dass Network Marketing eine herausragende Möglichkeit für eine durchschnittliche Person ist, sich einen überdurchschnittlichen Lebensstil zu schaffen. Mein Wunsch für dich ist, dass du durch den Aufbau dieses Geschäfts und das Erreichen der Network Marketing Mastery die gleiche Freiheit findest, die auch ich gefunden habe – die Freiheit der Wahl.

Das Ziel, eine Meisterin im Network Marketing zu werden, ist jedoch nicht nur finanzieller Erfolg. Es geht darum, sich zu einer Leaderin zu entwickeln, die ein Vermächtnis aus Wissen, Großzügigkeit und nachhaltigem Einfluss aufbaut. Du beginnst als ungeschliffener Diamant, mit allem, was du brauchst, bereits in dir. Durch das Meistern der 9 Stufen der Network Marketing Mastery wirst du diesen Diamanten schleifen und formen, sodass du dein volles Potenzial freisetzt. Wo auch immer du auf deiner Reise gerade stehst, die Gelegenheit für Wachstum liegt immer vor dir und wartet darauf, dass du den nächsten Schritt machst.

DIE NÄCHSTEN SCHRITTE

Um deine Reise zur Network Marketing Mastery weiter voranzubringen und dich bestmöglich auf deinen Weg zur wahren Meisterschaft zu unterstützen, haben wir ergänzend zu diesem Buch einen kostenlosen Kurs in englischer Sprache entwickelt. In rund 50 Lektionen vertiefst du jede Stufe der Network Marketing Mastery mit einer klaren Verbindung von Theorie und Praxis. Zögere nicht und beginne, jetzt den Diamanten in dir zu schleifen.

www.NetworkMarketing-Mastery.com

Und für zusätzliche Ressourcen, die die Inhalte in diesem Buch und jene auf meiner Website begleiten, stelle sicher, dass du meinen YouTube-Kanal (auf Englisch) abonnierst, um benachrichtigt zu werden, wann immer ich neue Videos hochlade:

www.youtube.com/@NetworkMarketingMastery

WAS ANDERE SAGEN...

“Falko gehört zu den Top-Persönlichkeiten unserer Branche, ein wahrer Visionär, der langfristige Ergebnisse liefert. Seine Strategien basieren auf harter Arbeit und erprobten Konzepten. Ich habe größten Respekt vor ihm und seinen Ansätzen. Sie funktionieren.“

– Robert Heldal

Network-Marketing-Profi

“Falko ist ein großartiger Freund, Mentor und meiner Meinung nach einer der besten Führungskräfte in unserer Branche. Seine Fähigkeit und sein Engagement, andere zu unterstützen, sprechen Bände über seinen Charakter. Die Art und Weise, wie Falko die verschiedenen Stufen einer Karriere im Network Marketing erklärt, ist absolut brillant und ein echter Augenöffner. Ich garantiere dir, dass du dich in diesem Buch wiederfinden wirst – vielleicht sogar an einer Stelle, an der du es nicht erwartet hast!“

– Tony Nilsen

Network-Marketing-Profi

"Im Jahr 2009 trat Falko dem Österreichischen Skiverband als neuer Skisprungtrainer in der nordischen Kombination bei und setzte mit seinem innovativen Ansatz schnell neue Maßstäbe. ***Sein Denken ging weit über konventionelle Trainingsmethoden hinau***s. Ich kann mit voller Überzeugung sagen, dass er ein Experte in Bereichen wie Techniktraining, Trainingsmanagement, Ausrüstung, Ernährung, Mentaltraining und vielem mehr war. ***Es war beeindruckend zu sehen, dass sein Fokus stets zukunftsorientiert und zielgerichtet war – immer bestrebt, neue Wege zu gehen***. Dadurch gelang es ihm, das gesamte Team, mich als erfahrenen Athleten eingeschlossen, zu herausragenden Erfolgen zu führen. In meiner heutigen Rolle als Cheftrainer des österreichischen nordischen Kombinations-Teams wird mir immer wieder bewusst, wie sehr ich von dem Wissen profitiert habe, das ich während unserer gemeinsamen Zeit mit ihm gewinnen konnte. Falko ist eine Persönlichkeit mit unglaublicher Fachkompetenz und dennoch vergisst er nie, das Leben zu genießen und Spaß zu haben."

– Christoph Bieler

Olympiasieger 2006 & Cheftrainer des österreichischen nordischen Kombinations-Teams

Falko hat mir gezeigt, wie ich Ziele erreichen kann, von denen ich nie zu träumen gewagt hätte. Durch sein Coaching habe ich gelernt, mein Geschäft klar und strategisch aufzubauen. *Die 9 Stufen der Network Marketing Mastery* lassen sich in allen Bereichen anwenden – lies sie, setze sie um, und der Erfolg wird folgen.“

– Sabine Kuschel

Network-Marketing-Profi

“Falko und mich verbindet eine langjährige Freundschaft. Als er unserem Team als Trainer beitrat, gewannen wir wertvolle Einblicke in innovative und wegweisende Techniken, nicht nur in Hinblick auf die physischen Aspekte des Trainings, sondern auch auf die mentalen und gesundheitlichen Ansätze. Unsere gemeinsame Leidenschaft für die nordische Kombination war immer stark, und mit seiner Unterstützung konnte ich 2015 in Falun meine erste Einzel-Goldmedaille gewinnen. ***Ich habe enormen Respekt vor Falko als Trainer, besonders wegen seines tiefen Fachwissens über unseren Sport. Doch darüber hinaus beeindruckt mich gleichermaßen, was er in den Bereichen Gesundheit und mentale Stärke mitbringt.***

– Bernhard Gruber

Olympiasieger 2010 & Weltmeister 2015

“Falko ist einer der bescheidensten, leidenschaftlichsten, selbstlosesten und inspirierendsten Menschen, mit denen ich je zusammenzuarbeiten durfte. ***Seine einzigartige Kombination aus Coaching-, Sport- und Business-Fähigkeiten schafft die ideale Grundlage, um aufzuzeigen, wie jemand in ihrem persönlichen, beruflichen und sportlichen Leben ihre Führungskompetenz stärkt***. Er ist ein Leader, der seinen Worten Taten folgen lässt und sich niemals mit dem Status quo zufriedengibt – stets bestrebt, sich weiterzuentwickeln.“

– Nikolaj Heinz

Network-Marketing-Profi

“In den zwei Jahren mit Falko habe ich unglaublich viel über mich selbst gelernt und neue Perspektiven für meinen Beruf gewonnen. Er hat mir gezeigt, wie Leidenschaft in Tatkraft und harte Arbeit umgesetzt werden kann, und das mit einem Lächeln im Gesicht. **Falko ist die Person, die dich in deinem Denken, Handeln und deinen Ergebnissen auf das nächste Level bringt.**“

– Ilkka Herola

Silbermedaillengewinner der Weltmeisterschaft 2021

“Die Menschen um uns herum können uns entweder inspirieren und uns ermutigen, kontinuierlich zu wachsen, oder sie können uns ausbremsen. ***Falko war eine unglaublich positive Einflussquelle für unsere gesamte Familie. Er hat uns inspiriert, unser Bestes zu geben, zu wachsen und unser volles Potenzial zu entfalten***. Sowohl Leevi Mutru als auch ich haben durch Falko enorm an Selbstvertrauen gewonnen. Auch wenn die Ergebnisse im Weltcup dies nicht vollständig widerspiegelten, sind wir als Menschen gewachsen, weil Falko Teil des finnischen Nationalteams war. Er lehrte uns die Bedeutung einer positiven Einstellung, von Durchhaltevermögen in schwierigen Zeiten und der Fähigkeit, Herausforderungen in Chancen zu verwandeln.

Unsere Reise der persönlichen Weiterentwicklung hat gerade erst begonnen, und wir sind fest entschlossen, alles zu tun, um die beste Version von uns selbst zu werden. ***Falkos Ansätze und seine Methoden, die er als Trainer mit dem Team geteilt hat, haben einen bleibenden Eindruck hinterlassen***. Er zeigte uns, wie wichtig der mentale Zustand ist und welche Kraft es hat, innere Stärke zu entwickeln, um unsere Träume zu verwirklichen. Dies wurde besonders in Leevis Entwicklung zur Zeit, als Falko das finnische Team begleitete, sichtbar. Seitdem ist Falko für mich ein Vorbild – nicht nur als Trainer, sondern auch als außergewöhnlicher Redner auf der Bühne. Wenn ich ihn dort sehe, weiß ich: Alles ist möglich!“

– Polina Mutru

Social Media Influencer

“Ich habe Falko 2019 kennengelernt, als ich einem neuen Network-Marketing-Unternehmen beigetreten bin. Da ich wusste, dass er der Top-Leader war, war ich begeistert, Teil seines Teams zu werden. Während unserer ersten gemeinsamen Präsentationen haben wir schnell gemerkt, dass wir hervorragend zusammenpassen. Seitdem hat sich unsere Freundschaft gefestigt, und sein Mentoring hat einen tiefgreifenden Einfluss auf den Erfolg meiner Organisation gehabt. Unter seiner Anleitung habe ich ein großes, florierendes Team aufgebaut, das stetig weiterwächst. ***Falkos Vision, sein Antrieb und seine natürliche Fähigkeit, Menschen zu führen, sind wirklich einzigartig***. Ich bin stolz darauf, Teil seiner bemerkenswerten Network-Marketing-Bewegung zu sein, und ich bin überzeugt, dass du durch dieses Buch wertvolle Erkenntnisse gewinnen wirst.“

– Dr. med. Uwe Rascher

Network-Marketing-Profi

“Ich bin sehr dankbar für die Zeit, in der ich mit Falko zusammenarbeiten durfte. Als Athlet konnte ich mich immer auf seine Unterstützung verlassen. ***Was ich an Falko besonders schätze, ist die Begeisterung, Leidenschaft und Kreativität, mit der er die***

Dinge angeht. Mittlerweile geht meine Verbindung zu Falko weit über sportliche Themen hinaus, und ich habe ihn als Mensch und Freund sehr zu schätzen gelernt."

– *Mario Stecher*
Olympiasieger 2006 & 2010
und Sportdirektor des Österreichischen Skiverbands

"Seit mehr als vier Jahren begleitet mich nun Falko in meinem Network-Marketing-Geschäft, und seine großartige Persönlichkeit hat bei mir einen bleibenden Eindruck hinterlassen. Wenn ich ihn beschreiben müsste, wären die ersten Worte, die mir in den Sinn kommen: ‚Stratege' und ‚gelebte No-problem-Mentalität'. Durch seine vorbildliche Führung, seinen klaren Fokus und seinen respektvollen Umgang mit anderen ist es eine Freude, ihm zu folgen.

Was er an Wissen, Erfahrung und gelebter Führung in sich vereint, macht ihn zu einem einzigartigen Mentor. Ich bin sehr dankbar für den persönlichen Austausch und die wertvolle gemeinsame Zeit auf dem Weg zum Erfolg in meiner beruflichen Laufbahn."

– Dr.ª med. Irene Heschl Koller
Network-Marketing-Profi

HAT DIR DAS BUCH GEFALLEN?

Ich würde mich freuen, wenn du deine Gedanken zum Buch teilst und eine ehrliche Bewertung auf Amazon hinterlässt!

ZUR ERINNERUNG:
Vergiss nicht, auf www.NetworkMarketing-Mastery.com **“The Wheel of Network Marketing Mastery“** auszufüllen und so herauszufinden, auf welcher Stufe der Network Marketing Mastery du dich befindest.

ÜBER DEN AUTOR
Wenn du springst, helfe ich dir zu fliegen

Falko Krismayr ist ein ehemaliger österreichischer Skispringer, der zahlreiche Weltmeister- und Olympiasieger trainiert hat. Seine Arbeit als Trainer konzentriert sich auf Erfolgsstrategien, Ernährung, Motivation und persönliche Verantwortung. Ob als Junior-Trainer, Lehrer an einer Montessori-Schule, Trainer im Hochleistungssport oder als Führungskraft in seiner Network-Marketing-Organisation – sein Ziel war immer, Systeme aufzubauen, als Vorbild zu dienen und andere dazu zu inspirieren, "zu fliegen".

2015, nach seiner Karriere im Skisprung, trat Falko in die Selbstständigkeit ein, um seine Vision eines freien, selbstbestimmten Lebens zu verwirklichen. Er baute ein Network-Marketing-Geschäft auf, das seitdem zu einer erfolgreichen Organisation mit Tausenden von Vertriebspartnerinnen und Kundinnen gewachsen ist. Inspiriert von Tony Robbins entwickelte er zusammen mit seiner Frau *"Die 9 Stufen der Network Marketing Mastery"*, ein Konzept, das darauf abzielt, der Branche etwas zurückzugeben, einen Beitrag in der Gesellschaft zu leisten und Menschen zu helfen, ein erfolgreiches Geschäft aufzubauen, generationenübergreifenden Wohlstand zu schaffen und nachhaltigen Erfolg zu erfahren.

Made in United States
Cleveland, OH
04 November 2026

47645289R00152